사례로 배우는

중소기업의
전략적 성과관리(BSC) 실무편

사례로 배우는

중소기업의
전략적 성과관리(BSC) 실무편

한국BSC연구회

이담
Books

　최근 변화하는 경영환경 변화를 감안하여 기업에서는 기업의 주요 과정에 초점을 둔 새로운 성과관리시스템을 구축하기에 이르렀다.

　이러한 성과관리시스템 중 대표적인 것은 미국의 로버트 캐플란(Robert Kaplan) 하버드대 교수와 컨설턴트인 데이비드 노턴(David Norton) 박사가 1992년 공동으로 창안한 경영혁신 기법인 전략적 성과관리(BSC)이다.

　BSC의 구성요소는 미션, 비전, 관점, 전략목표, 핵심성공요인, 핵심성과목표, 이니셔티브로 구성된다. BSC는 기업환경, 시장·고객과 경쟁자 등 기업의 내·외부환경을 고려한 성과관리시스템으로 기업의 전형적인 재무성과는 물론 비재무적 성과 등 기업 내·외부의 성과에 초점을 둔 성과관리시스템이다.

　이와 같은 성과관리시스템의 등장은 오늘날 기업에서 활용되고 있는 대부분의 성과가 너무 재무적 성과 위주로 편중되어 있고, 기업 경영전략의 실행과 긴밀한 관계를 맺지 못하고 있는 것에 기인한다고 할 수 있으며, 급변하는 환경 하에서 경영활동을 보다 효과적이고 효율적으로 수행하기 위해서는 기업의 성과관리시스템이 재무와 비재무, 과거, 현재, 미래에 대한 균형 잡힌 시각이 필요하기 때문이다.

최근 기업들은 자기 기업에 적합한 성과관리시스템을 개발하기 위하여 노력하고 있다. 그러나 모든 기업에 적합한 통일적인 성과관리시스템을 개발하는 것은 현실적으로 불가능할 것이다.

새로운 성과관리시스템을 설계하기 위해서는 무엇보다 기업의 미션과 비전, 경영전략들을 가시적인 목표와 성과지표들로 전환시켜야 하며, 성과지표들은 주주나 고객을 위한 외부적인 성과지표들과 기업 내부 활동에 대한 성과지표들 간에 균형이 필요하다. 이것은 또한 과거 노력들의 산출 결과물인 성과지표들과 미래의 성과 측정치들 간의 균형도 이루어져야 한다. 그리고 성과평가는 객관적이고 쉽게 정량화할 수 있는 결과물 성과지표와 주관적으로 다소 판단을 요구하는 결과물 성과지표의 성과동인(Performance Driver)들과도 균형을 이루어야 할 것이다. 물론 재무적 성과지표와 비재무적 성과지표들이 균형을 이루어야 함은 말할 필요가 없다.

세계적인 기업들을 살펴보면, GE, 코카콜라 등 포천지 선정 1000대 기업 중 약 50%가 채택하고 있으며 미국 재무부, 상무부 등 중앙정부기관과 세계은행, IMF 등 국제기관 등이 도입하고 있다. 싱가포르의 경우 정부 조직의 35%가 공식적으로 BSC를 도입, 사용하고 있으며 부분적으로 개념을 응용해 사용하는 조직을 합하면 이 수치가 70%에 이르고 있다.

국내의 실정은 참여정부의 출범과 함께 정부기관의 도입을 시작으로 현재는 공기업을 비롯한 중견기업 이상의 기업들이 성과관리시스템을 구축하였거나 구축을 준비하고 있으나 중소기업은 여러 여건상 성과관리의 어려움이 있어 구축하지 못하고 있는 기업이

대부분인 것이 현실이다.

　최근 한국경제신문이 한국경영정보학회 SEM연구회, 전국경제인연합회와 함께 국내 57개 기업 및 기관을 대상으로 실시한 BSC 도입 현황 조사 결과를 보면 도입기업의 71.5%가 만족한다고 답했으며 만족하지 않는다는 의사를 표시하는 의견은 9.5%에 불과했다.

　특히 '혁신과 신상품 개발 촉진'(81%), '고객만족도 향상'(81%)에 도움을 받았고 '수익률 향상'(71.4%)과 '신사업 전개'(69.2%) 등에도 효과가 있다는 응답이 많았다. 또 경영관리 측면에선 목표 지향성이 강화(90.5%)되고 전략에 대한 공감대가 형성(85.7%)된다고 답변했다.

　경영자라면 누구나 고효율 직무수행 조직을 구축할 비방을 만들고 싶어 한다. 게다가 기업 내의 관련 담당자들은 더욱 그렇다.

　성과관리기법으로 출발한 전략적 성과관리(BSC)가 변화관리, 혁신도구의 역할을 톡톡히 해내고 있다. 이를 반영하듯 전략적 성과관리(BSC)를 도입한 기업들은 이번 조사에서 전반적으로 높은 만족도를 보였다.

　성과평가방법의 일환으로 전략적 성과관리(BSC)를 도입한 기업들은 다른 성과관리기법을 도입한 기업과 3개 부문에서 많은 차이를 보이고 있는데 먼저 전략을 구체화시키는 부분에서 차이점을 드러냈다. 전략적 성과관리(BSC)를 도입한 기업들은 90.5%가 전략을 실천적인 용어로 구체화시킨 반면 다른 성과평가기법을 도입한 기업들은 50%만이 그렇다고 응답했다.

　전략실행결과에 대한 책임의식에서도 많은 격차를 나타냈다. 전략적 성과관리(BSC)를 도입한 기업들은 90.5%가 전략실행 결과에 대해 책임의식을 느끼는 반면 다른 기업들은 54.5%만이 그렇다고 답변했다.

보상·인센티브 시스템을 전략과 연계시키거나 개인역량을 개발하는 측면에서도 전략적 성과관리(BSC)는 다른 성과관리기법에 비해 우위를 나타냈다.

전략적 성과관리(BSC) 시스템 도입이 긍정적임에도 불구하고 중소기업에서 보급이 확산되지 못하는 가장 큰 이유는

1) 도입비용이 많이 들 것 같다.
2) 도입에 참여할 인재가 없다.
3) 시간이 오래 걸린다.
4) 뭔가 어려운 것 같다.

는 의견이 있는데 중소기업에 가장 알맞은 비용과 시간과 인력을 투입하여 최대의 효과를 얻는 데 중점을 두고 이 책을 집필하였다.

성과관리에 관심 있는 중소기업이 이 책의 내용대로 따라 하다 보면 어느새 전략적 성과관리(BSC) 시스템이 구축될 수 있도록 가능한 한 이론을 배제하고 실제 경험을 토대로 사례 중심으로 기술하였다.

자원의 추가 투자 없이 현재 보유한 인적자원을 최대한 활용하여 조직원들이 즐겁게 일할 수 있는 분위기를 만들고 조직원들 스스로 신나게 일해서 높은 성과를 창출하고 그 과실을 성과급으로 받는 선순환 구조를 만들어 중소기업의 국제경쟁력을 확보할 수 있기를 기대한다.

한국BSC연구회

회장 **최봉학**

차례

제6장

성과관리 Solution 223

제 1 장

시스템 구축 따라 하기

1. 워크숍

1.1. 워크숍이란?

워크숍이란 Work(일), Shop(상점, 가게)의 합성어로서, 현업에서 발생하는 문제를 모아 Workshop을 통해서 문제를 해결하고 해결된 대안을 현업에 돌아와서 피드백하여 문제를 해소하는 것이라고 할 수 있다.

워크숍의 주관자는 이런 점들을 충분히 이해하고 워크숍에 대한 계획수립 시 반영하여야 하며 워크숍 참가자들에게도 워크숍을 통해서 문제에 대한 해결안을 도출하고 현업에서는 피드백을 통하여 문제를 해결할 수 있도록 노력해야 참다운 워크숍의 효과를 창출할 수 있다.

아직도 일부에서는 워크숍에 대하여 몇 가지 오해를 가지고 워크숍에 임하고 있는데 첫째는 워크숍은 놀러, 쉬러 가는 것이다. 둘째는 워크숍에서는 무언가를 결정하고 합의를 해 놓고 현업에 돌아와서는 실행하지 않는다.

이런 점들이 시급히 개선되어야 기업 경영이 글로벌 수준으로 향상할 수 있다.

- 검증 안된 Work
- 문제를 모아서
- 실제로 수행되어야 할
- 실행을 전제로 Workshop 진행

    BSC를 구축하기 위해서는 조직원 전체가 참여하는 방법이 가장 좋으나 현실적으로 전원이 참여하기는 무리가 있으므로 최고경영 자(최고관리자)를 포함하여 경영진이 참여하고 부서에서는 해당 부서의 업무를 가장 많이 알고 실무적으로 영향력을 행사할 수 있는 사람들이 모두 참여해야 미션, 비전, 전략을 공유하고 효과적으로 실행할 수 있다.

1.2. 참여대상자

① 최고경영자(최고관리자)
② 임원부서장
③ 부서의 실무자(과장급 또는 팀장급)
④ 전략적 성과관리(BSC) 전담팀 전원
⑤ 용역사 컨설턴트(3～4명)

1.3. 워크숍으로 적당한 장소

① 현 업무 장소에서 멀리 떨어진 곳으로 외부와 연락이 차단
된 곳
② 충분한 공간이 확보된 곳(분임토의가 가능한 장소)
③ 보건안전이 보장되는 곳

1.4. 준비사항

① 워크숍 장소 예약 및 출발 1일 전 확인
② 분임조별 노트북 1대 이상
③ 전담팀 노트북 1대 이상
④ 용역사 노트북 1대 이상
⑤ 빔 프로젝터/프린터/인쇄용지
⑥ 적정량의 다과와 음료

1.5. 워크숍 장소의 선정

워크숍을 진행하기 위해서는 적당한 장소가 마련되어야 하며 워크숍 장소로는 근무지와 멀리 떨어진 곳이 효과적이다. 근무지에서 워크숍을 진행하거나 근거리에서 워크숍을 진행하면 근무지에서의 업무에 대한 요청이나 문의가 워크숍의 진행을 방해하기 때문이다.

워크숍 장소가 결정되었으면 워크숍 장소에 워크숍을 진행하기 편리하게 아래 그림과 같은 형태로 책상을 조정하여 분임조별로 토의가 원만하게 이루어질 수 있도록 사전 준비를 해야 한다.

워크숍 참여자가 방해받지 않고 토의를 진행할 수 있도록 사전에 충분한 배려가 필요하다. 그래서 발표자를 제외한 지원부서 인원들은 후면에서 진행과정을 기록하고 워크숍의 원만한 진행을 지원한다.

효과적인 워크숍 배치도

실무편

1.6. 워크숍의 진행방법

워크숍의 진행은

① 워크숍을 진행하는 목적에 대한 설명

② 경영진의 격려사

③ 용역사의 BSC에 대한 교육 및 워크숍 진행방법에 대한 안내 후 분임별로 토의를 통하여 미션, 비전, 관점, 전략목표순으로 도출한다.

워크숍 진행방법

1 계획 수립 및 검증 프로세스 선정	2 성과관리팀과 협의 하에 TFT의 선발	3 이들이 참여하는 1～2일간의 워크숍이 이루어짐
4 리더가 워크숍에 대한 전반적 비전과 기대사항을 설명하고, 달성여부는 참석자에 위임	5 분임으로 나누어 모든 및 의견 도출	6 결과가 참여자에게 공유되고, 주요핵심요인에 대한 합법권에 도달하게 됨
7 워크숍 후 용역사와 성과관리팀에서 해결 방안을 토론함(문제의 단순화, 해결권 한 등)	8 이것을 간부진 워크숍을 통해 결정 함	9 간부진은 검토, 수용함 – Feedback
10 진행 사항 및 결과의 정리	11 리더에게 보고되고 리더의 책임아래 실행되며, 해당 과제를 성공적으로 달성	12 결과가 워크숍 참가자들에게 Feedback되고 공유

자료출처: (주)넝쿨

최종안을 선택할 때는 AHP기법[1]을 사용하기도 하지만 1인이 2번 참여하는 방식으로 거수하여 안을 선택하는 방법이 AHP기법에 비하여 오류가 적다.

용역사 컨설턴트는 진행과정을 계속적으로 기록하면서 워크숍의 진행을 도와야 하며 어떤 경우라도 컨설턴트나 제3자가 본인의 의견을 암시하거나 관철시키려 해서는 안 되며 참여자가 자율적으로 진행하고 의사결정을 하도록 도와야 한다.

---

1) AHP(Analytic Hierarchy Process: 계층 분석적 의사결정) − Analytic: 어떤 것을 그 구성 요소로 나눔. 필요한 만큼 작은 구성요소로 나누어 나감. Hierarchy: 구성요소 들을 중요도 및 상호관계에 따라 계층구조로 정리함. Process: 프로세스란 어떤결과를 가져오는 일련의 행동, 변화 또는 기능들을 의미함. 합리적 의사결정 도구

실무편

2. 임직원 인터뷰

임직원 인터뷰 양식

소 속			성 명	
직 책			연락처	
수행업무				
회사의 가치체계에 대한 의견	미션			
	비전			
	핵심역량			

사업목표에 대한 의견	사업목표	주요성공요인	현상	개선방안

SWOT분석		
	강점	약점
기회		
위협		

임원진 면담기록

면담자		면담시간	
컨설턴트		면담장소	
면담개요			
중장기 사업목표			
중점 추진전략			
핵심성공 요인			
내부 강점			
내부 약점			
외부 기회			
외부 위협			
요구사항			
기타 사항			

3. 추진일정표

수행구분	M				M+1				M+2				M+3				M+4			
	1	2	3	4	1	2	3	4	1	2	3	4	1	2	3	4	1	2	3	4
1. BSC구축을 위한 준비단계																				
1.1. BSC구축 추진조직 구성																				
1.2. 추진일정 및 업무범위 확정																				
1.3. 임원진, 간부 인터뷰																				
2. 시작회의 및 교육																				
2.1. 전 직원 혁신 및 변화관리교육																				
2.2. 전 직원 BSC 교육 실시																				
2.3. 시작회의																				
3. 현행 가치체계 검토 및 구축																				
4. 인사평가시스템 진단																				
5. 전략 및 이행과제 검토 및 보완																				
6. 핵심성공 요인 검토 및 개발																				
7. 핵심성과 지표 개발																				
8. 전략맵 및 이니셔티브 작성																				
9. 지표정의서 및 지표연계 분석																				
10. 전사지표 확정/사업부지표개발																				
11. 사업부 지표정의서 확정																				
12. 인사평가시스템 구축																				
13. 보상시스템 구축																				
14. 전산시스템 구축																				
15. 최종발표회(비전 선포식)																				
16. 시스템 안정화																				
17. 지속적인 검토 및 보완																				

실무편

4. BSC 프로젝트 주간보고

1) 프로젝트 진행현황

시작일 : 200 년 월 일
완료일 : 200 년 월 일

순위	프로젝트명	PM 담당자	기간		1주차					2주차					3주차					4주차					비고
			시작	종료	월	화	수	목	금	월	화	수	목	금	월	화	수	목	금	월	화	수	목	금	
1																									
2																									
3																									
4																									

2) 프로젝트 주간보고

순위	프로젝트명	담당자	지난주 주요업무	진척률	이번주 주요업무	진척률
1						
2						
3						
4						

3) 이슈사항

순위	업무영역	업무구분	지난주 주요업무	이번주 주요업무
1				
2				
3				
4				

5. 경쟁력 진단 양식

5.1. 외부환경 분석 양식

요인	주요 관련 항목	관련 사항	영향
정치			
경제			
사회			
교육문화			
산업			
인구			
자원			
환경			
법규			
기술			

* 영향란에 자사에 미치는 영향을 기회/위협으로 판정하여 기록.

5.2. 경쟁력 진단 체크리스트

대관점	중관점	소관점	핵심성과지표(KPI)명	비율	측정값	소관점평균	중관점평균	업체값	업종평균
외부환경	산업환경	산업주기	산업성장률						
			수급동향						
			고객구매경향						
			산업 평균 영업이익률						
		산업환경	경제동향						
			법적규제						
			정부정책 동향						
			환경친화성						
	경쟁강도	경쟁자	경쟁업체수						
			경쟁자 시장점유율						
			차별화 수준						
		공급자 (협력업체)	공급자(협력업체) 납품비율						
			핵심원자재 중요성						
		협상력	공급자(협력업체) 확장성						
			고객의존율						

대관점	중관점	소관점	핵심성과지표(KPI)명	비율	측정값	소관점평균	중관점평균	업체값	업종평균
외부환경	경쟁강도	고객(수요자)협상력	제품중요성						
			고객(모기업) 확장성						
		대체재 진입	대체재 시장규모						
			대체 제품 동향						
		신규진입자	신규진입 투자비						
			판로(고객확보 용이성						
내부환경	재무분석	안정성	유동비율(1000l하 불량)						
			부채비율(4000l상)						
			차입금 의존도(600l상)						
			자기자본비율(200l하)						
			고정비율(2000l상)						
			이자보상비율						
		수익성	매출액경상이익률(5%이하)						
			매출액순이익률(2%이하)						
			총자산순이익룩(3%이하)						

대관점	중관점	소관점	핵심성과지표(KPI)명	비율	측정값	소관점평균	중관점평균	업체값	업종평균
내부환경	재무분석	수익성	자기자본순이익률(10%이하)						
		성장성	매출액성장률(10%이하)						
			영업이익증가율(10%이하)						
			당기순이익증가율(10%이하)						
			유동자산증가율(10%이하)						
		활동성	자산회전율(1회 이하)						
			재고자산회전율(4회 이하)						
			자기자본회전율(2회 이하)						
	경영성과	재무회수 및 주주가치	총자본투자효율(10%이하)						
			차입금 평균이자율						
			부가가치율(20%이하)						
		고객만족	주요구매고객 비율						
			주문독촉율						
			고객 반품률						
		시장만족	시장점유율						
영업환경									

대관점	중관점	소관점	핵심성과지표(KPI)명	비율	측정값	소관점평균	중관점평균	업체값	업종평균
핵심역량 / 내부환경	경영성과	시장만족	브랜드 인지도(회사 이미지)						
			품질 인지도						
		품질경영	품질향상률						
			품질경영수준						
	기업 경쟁력	원가관리	목표원가 달성수준						
			가격경쟁력(Cost Trend)						
			매출원가율						
		스피드(Speed)	제품개발 사이클타임						
			납기 사이클타임						
		서비스수준	제품과 서비스전략						
			납기 준수율						
		기술 혁신성	제품 개발기간 단축율						
			신제품 매출비율						
			주력제품 기술수준						
			핵심기술확보						

대관점	종관점	소관점	핵심성과지표(KPI)명	비율	측정값	소관점평균	종관점평균	업체값	업종평균
내부환경 (핵심역량)	기업효율성	생산성	노동생산성						
		효율성	생산효율성						
		가동률	생산효율성						
		프로세스시간	생산계획수립주기						
			마감소요기간						
	기능별역량	R&D	신제품 개발비						
			연구/개발력						
		구매/자재	적정조달						
			납기준수						
		생산관리	설비보전						
			공정개선						
			생산적합성						
			제공재고 정확도						
		영업관리	마케팅전략						
			제품 가격정책						

대관점	중관점	소관점	핵심성과지표(KPI)명	비율	측정값	소관점평균	중관점평균	업체값	업종평균
	경영성과								
		영업관리	유통사장관리						
			영업촉진활동						
			재고자산회전일수						
			완제품 물품재고 비율						
			매출채권회전일수						
내부환경	기능별 역량	물류·유통관리	창고운영비						
			운송비						
		인사관리	조직기능						
			인적자원관리						
			임금관리						
		회계관리	조직의 목표						
			원가관리						
			결산소요시간						
		경영자 능력	경영환경분석과 대응						
			경영자 리더십						

핵심역량

대관점	중관점	소관점	핵심성과지표(KPI)명	비율	측정값	소관점평균	중관점평균	업체값	업종평균
내부환경	핵심역량 (기능별 역량)	경영자 능력	경영실적평가 및 활용						
			정보 활용력						
		경영자 신뢰도	경영투명성						
			법적근해 사실 여부						

A	4.1~5.0
B	3.1~4.0
C	2.1~3.0
D	1.1~2.0
E	0.0~1.0

〈사용법〉

– 비율 : 비율로 표시하는 항목을 기록
– 측정값 : 측정한 결과값을 측정값에 5점 척도로 표시
– 소관점 평균 : 소관점의 측정값의 5점 척도의 평균
– 중관점 평균 : 중관점의 소관점의 5점 척도의 평균
– 업체값 : 해당 업체의 개선값
– 업종평균 : 해당업종의 평균값을 표시
– 참고자료 : 한국은행발행 기업연감

5.3. SWOT 분석 양식

작성방법

1. 강점, 약점, 기회, 위협을 해당난에 기록한다.
2. 강점과 기회, 위협의 유관항목끼리 결합한다.
3. 약점과 기회, 위협의 유관항목끼리 결합한다.
4. 회사의 경영방침에 따른 전략을 선택한다.
5. 해당전략에 대한 시사점이 수행해야 할 전략이 된다

	강점(S)	약점(W)
	1. 2. 3. 4. 5. 6. 7.	1. 2. 3. 4. 5. 6. 7.
기회(O) a. b. c. d. e. f. g.	SO전략 1a. 2b. 3c. 4d. 5e. 6f. 7g.	WO전략 1a. 2b. 3c. 4d. 5e. 6f. 7g.
위협(T) a. b. c. d. e. f. g.	ST전략 1a. 2b. 3c. 4d. 5e. 6f. 7g.	OT전략 1a. 2b. 3c. 4d. 5e. 6f. 7g.

6. 가치체계 구축

6.1. 미션도출 양식

미션 안(案)

	미션 안	평가
1안		
2안		
3안		

미션의 적절성 검토 체크리스트

번호	검 토 항 목	평가		
		1안	2안	3안
1	앞으로 50~100년간 지속 가능한가?			
2	우리의 근본적인 존재 이유인가?			
3	우리 업무의 중요성을 반영하였는가?			
4	상상력을 자극하고 우리를 활기 넘치게 하는 것인가?			
5	우리가 추구해야 할 방향을 제시하는가?			
	평가결과			

6.2. 비전도출 양식

비전 안(案)

	비전 안	평가
1안		
2안		
3안		

비전의 적절성 검토 체크리스트

번호	검 토 항 목	평가		
		1안	2안	3안
1	달성 여부를 측정할 수 있는가?			
2	달성해야 할 기간이 명시되어 있는가?			
3	달성해야 할 목표가 구체적인가?			
4	측정이 가능한가?			
5	미션과 연계되어 있는가?			
6	모호하거나 추상적이지 않는가?			
7	조직원의 마음, 열정과 역량을 모아줄 수 있는가?			
8	실행이 가능한가?			
9	비전 달성을 위한 핵심역량은 무엇인가?			
10	미래의 모습을 명확하게 제시하고 있는가?			
평가결과				

6.3. 관점도출 양식

관점 작성 양식

관점 안	관점에 대한 설명

번호	검 토 항 목	평가		
		1안	2안	비고
1	기존의 전략목표 등을 분석하여 전략방향을 확인하였는가?			
2	수립된 전략이 균형적이고, 비전달성을 위해 충분한가?			
3	전략 간의 인과관계가 부족하거나 누락된 부분은 없는가?			
4	우리가 고객에게 제공할 가치는 무엇인가?			
5	우선적으로 제공되어야 할 가치의 우선순위를 고려하였는가?			
6	전략목표들이 고객의 기대에 충분한가?			
7	유사 업종 업체들의 관점을 충분히 검토하였는가?			
8	조직의 가치향상을 위하여 충분히 검토하였는가?			
9	관점별로 균형이 잡히고 인과관계가 성립되는가?			
10	전략이 논리적으로 해당관점에 반영되었는가?			
	평가결과			

6.4. 전략목표 개발 체크리스트

번호	점 검 항 목	평가		
		상	중	하
1	전략목표는 간단명료하고 성공을 염두에 두고 있는가?			
2	전략목표는 과감하게 설정되어 있는가?			
3	전략목표는 장기적인 기업의 목표와 일관되게 연결되어 있는가?			
4	기업의 비전달성을 위한 장기적인 안목을 유지하고 있는가?			
5	고객, 경쟁 및 전반적인 산업환경을 이해하고 있는가?			
6	목표 고객층에 대하여 경쟁사보다 경쟁우위를 창출하고 있는가?			
7	내부환경보다 외부환경에 지나치게 초점을 맞추고 있지는 않은가?			
8	각종 분석 기법을 통하여 철저한 이해와 전략적 의미를 파악하고 있는가?			
9	예상되는 위험요인은 무엇이며, 이를 어떻게 극복할 것인가?			
10	전략안은 경제적인 타당성을 가지고 있는가?			
11	설정된 전략목표는 경영성과에 대한 평가와 긴밀하게 연결되어 있는가?			
12	경영전략과 그 실행계획을 매년 검토하고 있는가?			
13	한정된 경영자원을 효율적으로 활용하고 있는가?			
14	CEO 및 경영진이 전략개발을 위해 경영자원을 정기적으로 배분하는가?			

번호	점 검 항 목	평가		
		상	중	하
15	경영자원 배분이 전략적 중요성에 따른 우선순위와 일치하는가?			
16	전략의 실행계획과 성공 여부를 지속적으로 모니터링하고 있는가?			
17	전략의 성공적 실행을 위한 커뮤니케이션은 체계적으로 실행되는가?			
18	현행 전략 수립 프로세스는 성과평가 프로세스와 연계되어 있는가?			
19	상위전략이 하위전략을 달성하기 위한 지침이 되고 있는가?			
20	관련자들이 전략을 충분히 이해하면서 실행하는가?			
	평가결과			

7. 핵심성공 요인의 적절성 검토 양식

전략목표	핵심성공 요인	전략 연계성	목표 중요성	활동 지향성	데이터 가용성	지속 가능성	계

8. 핵심성과 목표의 적절성 검토 양식

핵심성공 요인	핵심성과 목표	목표 중요성	활동 지향성	데이터 가용성	통제 가능성	평가의 객관성	계

실무편

9. 핵심성과 지표의 적절성 검토 양식

핵심성과 목표	핵심성과 지표	구체성	측정 가능성	달성 가능성	관련성	기한성	계

10. Moon Chart 양식

관점	전략목표	가중치	핵심성과요인	가중치	핵심성과지표	가중치	총무	기획	생산	영업	개발

*관리부서 : 4, 수행부서 : 3, 유관부서 : 2로 구분하여 지표관리 부서와 업무수행부서로 구분한다.

11. 지표정의서 양식

부서명		작성일자	
지표명		관 점	
성과목표		전략목표	
지표산식			

목표	하한선		기준선		목표값		Y+1 목표		Y+2 목표		Y+3 목표	
주기별 목표	1월	2월	3월	4월	5월	6월	7월	8월	9월	10월	11월	12월
측정주기	ETL Key 값	계량/비계량 구분	과거 실적		Y-1 실적		Y-2 실적		Y-3 실적			

측정단위		전사	공통	고유
지표구분				
선행지표				
후행지표				
이니셔티브				
Data Source				
목표갱신주기				
가중치				

평가기준 세부설명 :

1.지표의 상세설명 :

2.산식의 상세설명 :

3.목표 산출근거의 설명 :

제 2 장

제조업 BSC시스템 구축 사례

제2장

:: 제조업 BSC시스템 구축 사례

1. 소프트웨어 개발업 사례 [(주)D사]

1.1. 기업의 개요

D사는 1995년에 설립된 중소기업용 소프트웨어 개발업체이다. 동사는 국내 소프트웨어시장 점유율이 높은 업체이다. 전국 5,000 여 개의 고객업체 중 80%가 동사의 프로그램을 사용하고 있다.

동사는 중소기업체들의 경영관리 기능을 제공하는 경영정보시스템 프로그램과 중소기업 및 중견기업용 전사적 자원관리(ERP) 프로그램을 주요 제품으로 보유하고 있다.

동사는 국세청과 공동 개발한 영세업자용 간편장부 소프트웨어 제품 판매, 개인 및 기업을 대상으로 한 프로그램의 ASP사업, 중소기업 전산환경 구축사업, B2B전자상거래 중개, 전문 인터넷방송 등의 신규 사업도 하고 있다.

회 사 명	(주)D사
소재지	서울시
생산품목	소프트웨어, B to B 사업, 인터넷 방송 사업
매출목표	150억 원
종업원 수	본사 직원 38명 외 지사인력 183명
자본금	8억 원

1.2. 조직

동사는 소프트웨어개발, 기획, 홍보, SI사업에 주력하기 위하여 별도의 영업망을 갖추고 있다. 독립법인과 전국 7개의 지점(총 22개 지사)에서 MIS 패키지 소프트웨어의 판매와 유지보수를 담당하고 있다. 동사는 자체 보유한 8명의 판매인력 이외에 183명의 지사 인력을 동원하여 전국에 걸친 영업망을 확보하고 있다.

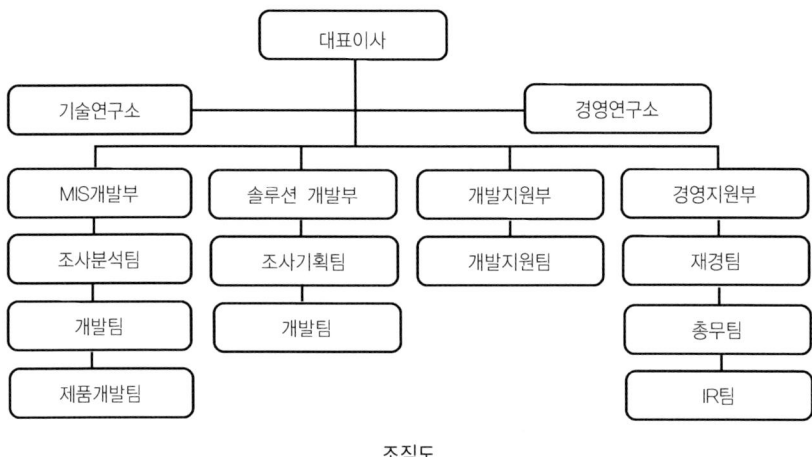

조직도

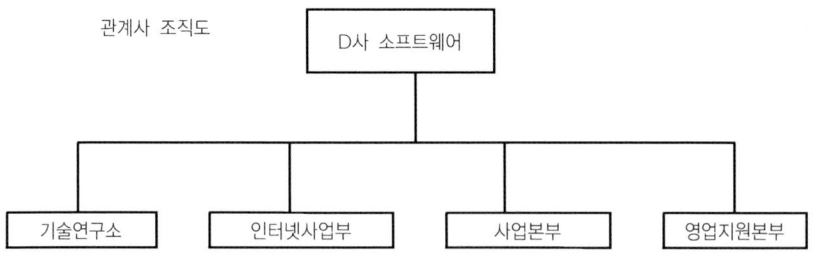

관계사 조직도

※ 관계사는 ○○소프트의 관리부 외 ○○지사 등 22개의 지사가 있음.

실무편

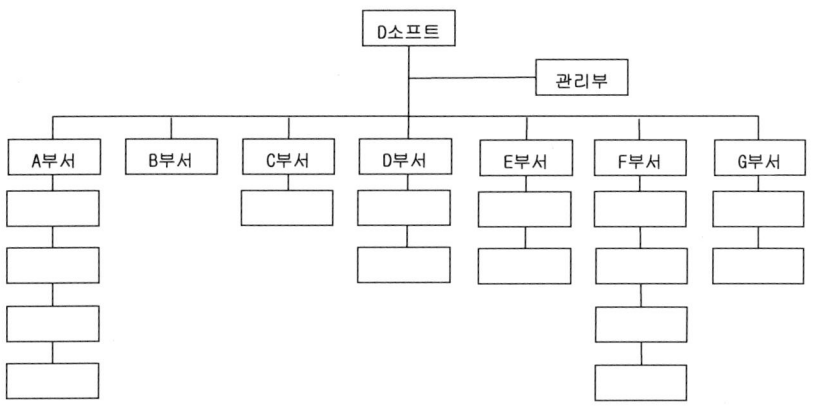

1.3. BSC 도입배경 및 목표

1.3.1. 도입배경

동사의 강점으로는 전국 사무소의 80%가 D사 소프트웨어의 프로그램을 사용하고 있다. 낮은 불법복제율과 신속한 유지보수 서비스, 높은 학교 보급률로 고객기반 확대 등의 강점과 더불어 영업전망은 중소기업체들의 정보화 투자로 이어져 이로 인한 시장 확대 및 동사의 시장지배력 강화로 제품에 대한 수요가 크게 증가할 전망이다.

그러나 (주)○○대구는 (주)○○소프트웨어의 지점으로서 제품을 본사로부터 제공받아 고객에게 S/W와 유지보수를 제공하고 고객으로부터 S/W 가격과 유지보수 비용을 받아 일정비율로 본사분과 지점분으로 나누는 상호의존, 보완적인 기업경영 체계이다. 당시 22개 관계사의 문제점을 (주)○○대구의 시장점유율을 참고하여 각 부문에서의 현황과 문제점을 집어 보면 다음과 같다.

첫째, 매출에 있어 과거에는 고객의 필요에 의한 서비스 요청으로 영업을 하는 수동적 영업으로 하여도 자연스럽게 매출이 이루어졌지만 수동적 영업방식으로는 언젠가는 비용이 수익을 초과하는 최악의 상황에 부딪칠지도 모른다는 실정으로 매출신장을 위해 일방적으로 모회사에 의존하는 제품판매 구조에서 벗어나 지점 자체의 신제품 개발과 영업 관리 프로세스의 체계적인 정비로 수익 구조의 다변화가 필요한 때였다.

둘째, 고객 부문에 있어 한정된 직원으로 수많은 고객의 사용에 따른 문제점만을 복구하기에 급급한 나머지 고객이 진정 원하는 것이 무엇인지에 대해 귀를 기울이지 못하는 수동적 고객서비스에서 기업 가치창출의 가장 큰 원천은 고객임을 직시하고 고객에 대한 면밀한 검토와 고객정보 획득을 통하여, 이를 핵심역량으로 만들고 고객을 기업의 수익창출과 연관시키기 위해 전략을 강조하는 조직으로 개편하고 프로세스를 변화시키며 조직원의 역량을 모아야 할 실정이었다.

셋째, 조직에 있어서는 늘어나는 업체 수에 비례하여 다양한 연령과 학력 및 역량을 갖춘 조직원들이 합류하게 되어 개인의 목표와 조직의 목표에 있어서 원활한 소통이 이루어지지 않아 조직원의 전반적인 조직몰입도가 낮아지고 불만이 많은 실정으로 동적인 커뮤니케이션과 피드백으로 조직원들의 적극적인 공감대의 형성이 시급한 실정이었다.

넷째, 피드백에 있어서는 많은 시간을 전략 수립에 할애하면서도, 전략에 대한 검증 즉 피드백 과정을 소홀히 하여 전략을 내세

우고 시간이 흐르면 언제 그런 전략이 있었는지도 모르는 조직원이 있을 정도로 피드백이 이루어지지 않았다.

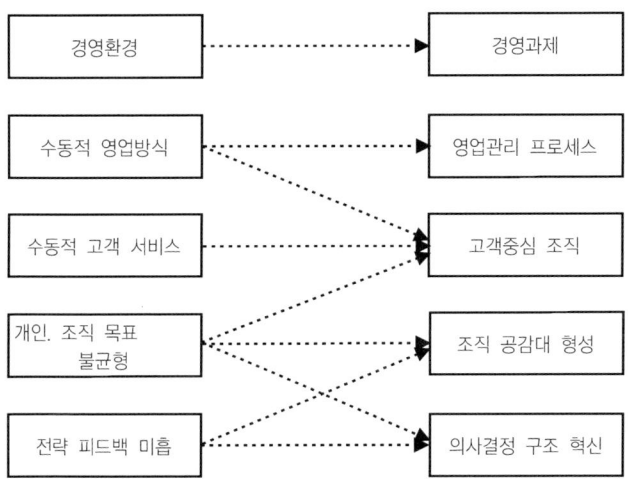

1.3.2. BSC 도입목적

기업의 비전과 전략 수립도 중요하지만 피드백 과정을 체계화하고 학습조직으로 승화시키는 과정을 통해 전략 수립 및 달성의 과정이 진정으로 기업의 가치를 증가시키는 결과로 연결되도록 하고, 이에 대한 철저한 검증을 통해 다시 발생할지도 모르는 시행착오를 점차 줄여 나가야 하겠다는 이슈에 대한 전략적 성과관리(BSC)를 도입하고자 하는 도입배경과, 목적에 따른 목표가 되고 있다.

첫째, 전사전략과 팀 목표 간의 연계관계와 조직목표와 개인 목표 간의 연계

둘째, 고객의 다양한 수요욕구를 충족시키고 고객의 서비스 만

족도 향상

셋째, 종업원 상호 간의 커뮤니케이션과 고객 DB 구축

넷째, 모회사의 제품의존과 더불어 자체 신상품 개발

다섯째, 목표설정 시의 팀 간 직무 차이에서 발생하는 불균형을 최소화하는 피드백

여섯째, 종업원 교육 강화

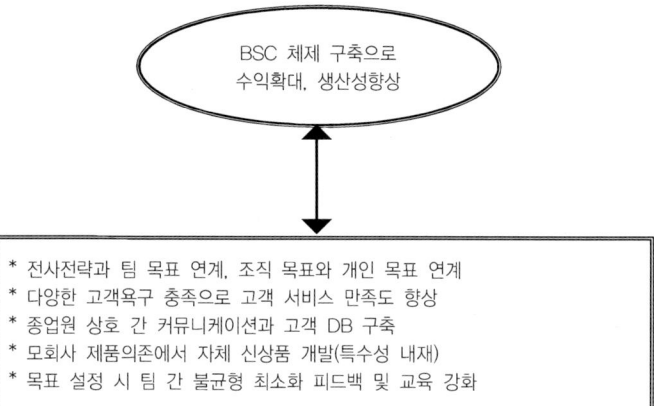

1.4. 추진체계 및 일정

지사 인력이 많고 본사 직원이 적은 관계로 지사의 TF 팀을 활용하여 추진하기로 하였다.

실무편

추진목표 및 내용		M 1	2	3	4	M+1 1	2	3	4	M+2 1	2	3	4	M+3 1	2	3	4	M+4 1	2	3	4
0. 추진계획수립	0.1 TF구성 및 추진계획 확정	↑																			
	0.2 시작회의, 중간보고, 완료보고											↑								↑	
1. 가치체계 전략 수립	1.1 내부진단			↑																	
	1.2 환경분석				↑																
	1.3 시장 및 경쟁분석						↑														
	1.4 SWOT 분석							↑													
	1.5 가치체계 및 전략 수립								↑												
2. 핵심성과 지표 개발	2.1 전략목표 수립 및 전략맵 작성								↑												
	2.2 현 성과지표 및 보상 조사									↑											
	2.3 전사 성과지표 개발										↑										
	2.4 팀별 성과지표 정리										↑										
	2.5 Moon Chart 작성											↑									
3. 평가 및 보상설계	3.1 내부평가방안 설계												↑								
	3.2 성과와 보상 연계방안 설계														↑						
	3.3 BSC 엑셀설계															↑					
	3.4 시범운영 및 교육																↑				
4. 관리체제 이행 로드맵 수립	4.1 평가 및 보상체계수립																	↑			
	4.2 본격 시행로드맵수립																	↑			
	4.3 IT시스템 연계방안검토																			↑	
5. 최종보고서 작성																				↑	

1.5. 진단 및 분석

진단 및 분석은 경영진단 표준모델에 의해 경영, 재무, 판매, 생산, 인사 및 조직에 대한 내부경영진단과 직원사기 분석으로 수행하였고, 외부 환경분석의 시장조사 및 SWOT 분석은 다음과 같다.

내부환경 \ 외부환경		강점(S) * 소프트웨어 점유율 업계 1위 * 고품질과 신속한 서비스 * 보급률과 고객기반 우위	약점(W) * 기업 중심의 수동적 영업 * 의사결정 지원역량 미흡 * 조직원의 소통 미약 * 전략 및 지원역량 취약
기 회 (O)	* 소프트웨어 시장의 변화 * 잠재 수요처의 다량확보 * 제품, 품질상의 경쟁우위	(SO: 공격전략) * 수익확대 * 신규시장 확보 * 전략적 의사결정 지원 시스템 구축	(WO: 만회전략) * 생산성 향상 * 조직, 팀, 개인목표 정립 * 신제품 판매, 신상품 개발
위 협 (T)	* 수익구조의 다변화 * 고객 중심의 서비스 미약 * 조직 커뮤니케이션 미약 * 비전 및 전략에 대한 PDCA 미약	(ST: 우회전략) * 브랜드 인지도, 고객만족도 향상 * 전략적 기술습득	(WT: 생존전략) * 원가절감, 관리비용 절감 * 정보기술 및 생산기술의 역량 강화

1.6. 가치체계

미션 및 비전은 우선적으로 최고 경영자에 의한 방향 제시가 필요하다. 이에 의해서 실무적으로는 기존의 전략을 검토하고, 다양한 시각에서 환경을 분석하는 과정을 거치면서 비전의 초안을 작성해야 한다. 비전 초안은 경영자뿐만 아니라 많은 이해 관계자들의 의견 및 시각이 반영될 수 있도록 해야 하며, 지속적인 검토와

실무편

토의에 의해 최종 확정되어야 한다.

미션 및 비전의 수립 과정은 일방적으로 설정되는 것이 아니라, 경영진과 실무진의 적극적인 협의 및 협조를 통해 만들어져야 한다. 철저한 분석과 진단 및 구성원들의 적극적인 참여와 공감대 형성을 통해 이루어진 비전만이 구체적인 경영전략으로 실현되리라 본다. 경영자가 제시하는 사례기업의 비전은 다음과 같다.

첫째, 향후 5년 이내에 대구, 경북 90%의 소프트웨어 시장점유
둘째, 2005년 (주)○○대구, (주)○○중부, (주)○○부산의 3개 법인이 통합하여 코스닥 등록

1.7. 전략목표와 핵심성공 요인

동사의 전략목표인 수익확대전략과 내부생산성 향상전략을 위한 전략과제를 다음과 같은 전략방향으로 정리하고자 한다.

1.7.1. 수익구조의 다양화

(주)○○대구는 기존에 판매하고 있던 ○○시리즈와 ○○제품을 통하여 많은 고객들을 확보하고 있다. 그렇지만 공급이 수요를 넘어서면 언젠가는 수익곡선이 급격하게 하락할지도 모른다는 점을 인지하고 다양한 기업의 특성과 고객의 다양한 내부 관리 제도를 고려한 기존의 프로그램의 발 빠른 보완 및 수정은 물론 외부의 신기술을 도입한 신상품의 개발에 주력을 다해야 한다. 이런 수익의 다양화 및 고객관리전략에서 얻어지는 시너지효과를 통하여 수익의 안정한 루트를 꾀해야 할 시점이다.

1.7.2. 종업원의 교육

기업이 미래에도 가치를 창출하기 위해서는 우리 회사는 지속적으로 가치를 개선하고 창출할 수 있는가에 대한 질문에 답할 수 있어야 한다. 제품과 업무프로세스에 대한 지속적인 개선노력과 신제품 개발 능력은 그 기업의 가치창출과 직결된다. 현재는 그 가치가 보이지 않지만, 회사의 장기적인 잠재력에 대한 투자 즉, 직원들의 역량 발휘를 위한 투자가 기업의 원동력임을 알아야 한다.

언제 출시할지 모르는 신제품 개발을 위한 신기술의 도입에 큰 동요 없이 대응할 수 있는 직원의 역량을 제고시켜야 하며, 제품의 판매와 더불어 발생되는 각종 유지 보수를 함에 있어서도 시스템 관련 사전지식을 가지고 고객 서비스를 하여야 할 것이다. 덧붙여 소프트웨어 보급업체로서 서비스 차원에 머물러 있는 직원들의 회계 관련 지식을 보다 체계적으로 배양시켜 고객의 제품만족도를 높임과 동시에 고객 선호도를 높여 소프트웨어 시장에서의 확실한 자리매김을 하여야 할 것이다.

1.7.3. 조직의 강화

BSC는 보다 구체적인 방법으로 일하는 방식을 변화시킨다. 기존의 변화관리 활동이 막연하게 좋은 조직 분위기와 문화를 만들어 보자라는 식으로 이루어져 왔다면, BSC는 핵심성과 지표, 목표설정 및 피드백 그리고 그 결과에 대한 평가와 보상이라는 구체적인 기준과 방법을 통해 조직 구성원들이 스스로 변화하게 만든다. BSC를 도입하는 이유는 기업의 비전과 전략을 이해하고 귀한 자원을 낭비하지 않음으로써, 진정으로 가치와 연관된 부분에 핵심역량을 집중하기 위해서임을 명심해야 한다.

조직은 수립된 비전과 전략하에 철저한 팀 제도를 도입하여 수평적으로 경쟁력을 유도하면서 수직적 명령하달방식의 획일적인 업무를 추진하면서 형성된 모호한 평가기준을 보다 다양하게 객관화하고 성과평가와 보상을 연계함으로써, 경영관리의 효율화는 물론 조직원의 역량을 이끌어 내어 수준 높은 조직을 만들어 나가야 한다.

1.7.4. 철저한 고객관리

기업의 가치가 곧 고객이라는 것이 이제는 당연시되고 있다. 따라서 고객에 대한 면밀한 검토와 고객정보 획득을 통하여 이를 자사의 핵심역량으로 만들어 나가야 할 필요성이 절실하다. 기업에게 수익을 가져다줄 수 있는 고객을 파악해 내고, 이들을 위한 고객 지향적 프로세스를 만들어 나가는 것이 고객 관계 관리의 핵심임을 알아야 한다. 따라서 시장을 보다 명확히 정의하고 고객을 세분화함으로써 핵심 고객집단은 어디에 있으며, 각 세분 고객별로 어떻게 관리할 것인가에 대해 고민하여야 하며 그 효과가 수익창출과 이어질 수 있도록 하여야 한다. 전사 전략목표를 도출하고 이 전략목표 달성을 위한 핵심성공 요인은 다음과 같다.

관점	전략목표	핵심성공 요인
재무관점	수익확대	영업력 강화 매출 증대, 시장점유율 증대
	생산성 향상	최저비용 유연한 유통 효율성
고객관점	신규시장 확보	신규우량고객 확보
	브랜드 인지도, 고객만족도 향상	지사 관계 CRM 구축
내부프로세스 관점	신제품 판매, 신상품 개발	신제품 판매량 증대, 신규품목, 매출비중 증대
	관리비용 절감, 원가절감	관리 및 생산 비용절감
	정보기술 및 생산기술의 역량강화	소프트웨어 개발, 부적합품률 감축
학습과 성장관점	전략적 기술습득	품질활동 강화, 직원교육
	조직/팀/개인 목표 정립	제안제도 참여, 분임조활동 참여
	전략적 의사결정 지원시스템 구축	소프트웨어 표준화 평가

1.8. 전략맵

D사는 수익확대와 내부생산성 향상이라는 경영전략을 수립하고 있는데 이러한 경영전략에 따른 BSC의 핵심성공 요인을 다음의 그림과 같이 분석할 수 있다. BSC의 4가지 관점별로 주요 성공핵심요인을 인과관계의 계층적 구조로써 밝힐 수 있는데 우선 성장

과 학습관점에서는 직원의 생산성 향상이 가장 중요한 핵심요소이며 이를 위해 종업원들이 전략적 기술 및 지식의 습득, 전략적 정보의 활용능력의 제고 조직이나 팀 및 개인의 목표 정립이 필요함을 알 수 있다.

기업의 내부비즈니스 관점에서 역량을 높이고 기업의 경쟁력을 키우기 위해서는 우수한 신상품을 개발하고, 업체의 특성에 따른 커스터마이징 능력을 높이고, 다양화된 시장의 수요를 정확히 이해함으로써 확실한 기업의 신뢰도와 자사브랜드의 우수한 이미지의 확보를 통해 적정가격을 유지할 수 있게 될 것이다. 고객기업에 대한 신속 정확한 서비스 대응과 수요자를 능동적으로 발굴하는 판매경로를 구축하고 철저한 고객관리를 통해 고객을 만족시키는 것이 필요하다. 이는 곧 궁극적인 재무적 목표인 유통의 효율성과 고객만족 내지 고객감동을 통해 기업의 수익증대로 이어지게 될 것이다.

확실한 기업의 신뢰도와 브랜드 이미지의 확보와 이를 통한 제품의 적정가격의 관행설정은 종업원당 적정수입이 확보되고, 경쟁력 있는 마진율과 적정한 자본회전율은 결국 수익창출의 원동력이 되고 고객확보를 통해 수익확대전략을 실현하고 궁극적으로는 수익증대라는 재무적 성과로 나타나게 될 것이다. 위의 그림은 경영전략에 따른 기업의 핵심성공 요인을 인과관계로서 나타내 주고 있다.

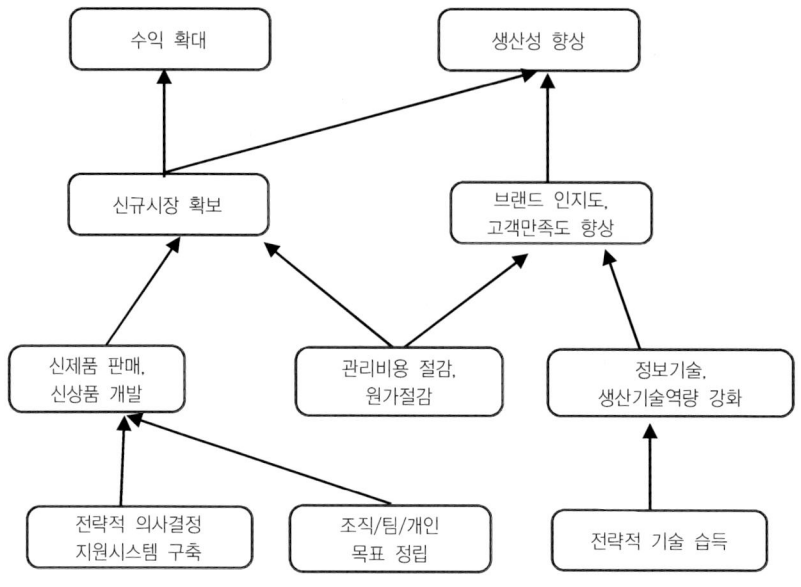

관점	전략목표
재무관점	수익 확대, 생산성 향상
고객관점	신규시장 확보, 브랜드 인지도/고객만족도 향상
내부프로세스관점	신제품 판매/신상품 개발, 관리비용 절감/원가 절감, 정보기술/생산기술역량 강화
학습 및 성장관점	전략적 의사결정 지원시스템 구축, 조직/팀/개인 목표 정립, 전략적 기술 습득

1.9. 핵심성과 지표(KPI)

동사는 소프트웨어를 판매하고 보수하며 법령의 변화에 따른 신속한 프로그램의 업그레이드 서비스를 제공하는 것이 중요한 업무가 되고 있다.

독점적 지위를 누렸던 과거와는 달리 새로운 경쟁업체들이 등장

실무편

하고 있고 경쟁이 치열하게 전개됨으로써 새로운 수익모델의 개발이 절실하게 요구되고 있다.

1.9.1. 핵심성과 지표의 선정

KPI는 CSF에 대응하면서 그 결과로써 발생하는 경영실태와 성과를 나타내 주는 지표라고 정의할 수 있다. 각 과정별로 고려될 수 있는 성과지표를 나열하면 다음 표와 같다.

재무관점	- 순자산순이익률(ROI) - 종업원생산성 - 신제품매출액 비율 - 투하자본 수익률(경상이익률) - 매출목표 및 원가 달성률 - 수익대 비용(총수익/총비용)	고객관점	- 고객수 - 시장점유율 - 고객만족도 - 직원만족도 - 브랜드 인지도
내부프로세스관점	- 신제품매출액 비율 - 정보기술 비용 - 정보기술 용량 - 제조원가율 - 관리비용 - 서비스 충실도 - 신제품 출시 1인당 판매량	학습. 성장관점	- 신제품 지원 교육투자 - 역량개발비 - 종업원 만족도 - 우수인재 확보 - 종업원 수익 - 개인목표 연계도

1.9.2. 핵심 성과지표의 가중치와 측정주기

상기의 네 가지 관점별로 4개 내지 5개의 대표적인 지표를 확정하여 성과측정의 다면지표로 이용될 수 있을 것이다.

고객관점과 내부프로세스 관점 및 학습·성장관점은 모두 비재무적 지표로서 재무관점의 선행지표이며 이들 지표들의 개선은 궁극적으로 재무관점의 향상 즉, 재무성과로 이어지게 될 것이다.

핵심성공 요인을 검토하여 전사적인 핵심성과 지표를 위와 같이 확정한 후, 이에 대한 가중치와 측정주기를 다음 표와 같이 확정하고 성과지표를 팀별로 할당(cascading)하였다.

1.9.3. 전사적 핵심 성과지표

기업 전체의 핵심성과 지표와 이에 대한 측정주기와 가중치를 다음 표와 같이 확정하였다.

관점	핵심 성과지표	산식	실적	목표	가중치	측정주기
재무 (25%)	총자산순이익률(ROI)	(당기순이익/총자산)×100			5%	월간
	종업원 생산성	종업원/총자산			4%	월간
	신제품매출액 비율	(신제품매출액/총매출액)×100			5%	월간
	투하자본 수익률(경상이익률)	{(경상이익 + 이자비용)/총자본}×100			3%	반기
	매출목표 및 원가 달성률	(총매출액/매출목표액)×100			3%	반기
	수익 대 비용(총수익/총비용)	(총비용/총수익)×100			5%	반기
고객 (20%)	고객수	매출이 이루어지는 고객			3%	분기
	시장점유율	전체시장에서 아사의 점유상태			3%	분기
	고객만족도	설문평가에 의한 고객만족도			5%	반기
	직원만족도	설문평가에 의한 종합, 부문별지수			5%	반기
	브랜드 인지도	전체시장에서 아사의 제품 지명도			4%	분기
내부프로세스 (35%)	신제품 매출액 비율	신제품판매량/기존제품판매량			10%	분기
	정보기술 비용	정보기술 비용/관리비용			5%	분기
	정보기술 용량	정보기술 용량/종업원			5%	분기
	제조원가율	(제조원가/매출액)×100			4%	분기
	관리비용비율	(관리비용/총수입)×100			6%	분기
	서비스 충실도	고객에 대한 서비스 정도(JIT)			2%	월간
	신제품 출시 1인당 판매량	신제품 판매량 직원당 산출			3%	분기

실무편

관점	핵심 성과지표	산식	실적	목표	가중치	측정 주기
학습과 성장 (20%)	신제품 지원 교육 투자	신제품 지원 및 교육훈련투자 비용			3%	분기
	역량개발비율	(역량개발비용/ 종업원)×100			4%	월간
	종업원 만족도	종업원 사내 설문평가에 의한 만족도			3%	월간
	우수인재 확보	능력 있는 인재의 고용, 유지			3%	분기
	종업원 수익	종업원 1인당 생산성(수익)			5%	분기
	개인목표 연계도	조직목표와 개인목표의 연계도			2%	분기

1.9.4. 부서별 성과지표

전사의 전략목표는 캐스케이딩을 통해 모든 조직단위의 전략목표와 연계되도록 하며 BSC시스템에서 부서의 역량이 기업의 전략 실행에 일관되게 집중할 수 있도록 설계되어야 한다.

전사 전략목표를 조직 전체에 할당하는 캐스케이딩(cascading)을 통해 조직의 전략목표를 바탕으로 각 팀별 전략이 만들어지고 성과지표들이 도출되도록 한다. 전사 핵심성과 지표를 각 팀별로 할당하여 아래 도표와 같이 전사 핵심성과 지표의 팀별 할당과 더불어, 팀 전체의 전략목표와 핵심성공 요인, 성과지표를 추가하여 관리하는 사례가 많이 있다.

■ 소프트웨어 사업본부 및 영업지원본부

관점	전략목표	핵심 성공요인	핵심 성과지표
재무	수익확대 전략	영업력 강화 매출증대 시장점유율 증대	종업원 생산성
			신제품 매출액 비율
			매출목표/원가달성률
	생산성 향상전략	최저비용 유통효율성	총자산순이익률(ROI)
			투하자본 수익률
고객	신규시장 확보	신규 우량 고객확보	신규고객매출액비율
	브랜드 인지도 고객만족도	지사관계 CRM구축	브랜드 인지도
			고객만족도
프로세스	관리 기술 원가절감	기술 관리 비용 절감	관리비용
학습과 성장	전략적 기술습득	품질활동 강화, 직원교육	교육훈련 투자비용
	조직/팀/개인목표정립	제안제도, 분임조활동	제안제도 및 종업원 만족도
	전략적 의사결정 시스템 구축	소프트웨어 표준화 평가	역량개발 및 우수인재확보

■ MIS 개발부, 솔루션 개발부, 개발지원부, 기술연구소

관점	전략목표	핵심 성공요인	핵심 성과지표
재무	생산성 향상전략	최저비용 유통효율성	총자산순이익률(ROI)
고객	브랜드 인지도 고객만족도	지사관계 CRM구축	고객만족도
프로세스	정보기술 및 생산기술의 역량강화	소프트웨어 개발, 부적합품률 감축	정보기술 용량
학습/성장	전략적 기술습득	품질활동 강화, 직원교육	직원교육 실시율
	조직/팀/개인목표정립	제안제도, 분임조활동	제안제도 및 종업원 만족도
	전략적 의사결정 시스템 구축	소프트웨어 표준화 평가	역량개발 및 우수인재 확보

실무편

■ 경영지원부(재경팀, 총무팀, IR팀)

관점	전략목표	핵심 성공요인	핵심 성과지표
재무	수익확대 전략	시장점유율 증대	총자산순이익률(ROI)
			종업원 생산성
	생산성 향상전략	최저비용 유통효율성	매출목표 및 원가 효율성
고객	브랜드 인지도 고객만족도	지사관계 CRM구축	고객만족도
프로세스	관리 기술 원가절감	기술 관리 비용 절감	관리비용
학습/성장	전략적 기술습득	품질활동 강화, 직원교육	직원교육 실시율
	조직/팀/개인목표 정립	제안제도 참여, 분임조 활동 참여	제안제도 및 종업원 만족도
	전략적 의사결정 지원시스템 구축	소프트웨어 표준화 평가	역량개발 및 우수인재확보

1.10. Moon Chart

Moon Chart를 작성하는 것은 이러한 핵심성과 지표들을 관리하기 위하여 작성하는데, Moon Chart는 각 성과 지표들을 관리하거나, 실행하는 부서, 유관실행부서, 유관부서 등을 나타내어 책임과 한계를 분명히 하는 데 유용하게 쓰인다.

Moon Chart를 작성할 때에는 각 부서장이 모여 성과지표의 관리, 실행, 유관 여부 등에 관하여 합의를 이루어 내야 한다. 합의를 이루어 내지 못하면 추후에 관리, 실행 등에 대한 책임분쟁이 발생한다.

관점	KPI	가중치	부서별							혁신담당	비고
			기술사업부	기술지원부	경영지원부	기술연구소	MS개발부	솔루션개발부	개발지원부		
재무관점 (25%)	총자산순이익률(ROI)	5%		3	4				2	5	
	종업원 생산성	4%	4		3				2	5	
	신제품매출액비율	5%	4			3			2	5	
	투하자본 수익률	3%			4		3		2	5	
	매출목표 및 원가달성률	3%	4		3				2	5	
	수익 대 비용 (총수익/총비용)	5%			4		3	2		5	
고객관점 (20%)	고객수	3%	4	3					2	5	
	시장점유율	3%	4	3	2					5	
	고객만족도	5%	4	3					2	5	
	직원만족도	5%		3	4				2	5	
	브랜드 인지도	4%				3	4	2		5	
내부프로세스관점 (35%)	신제품 매출액 비율	10%	4	2	3					5	
	정보기술비용	5%		3	4				2	5	
	정보기술용량	5%				4	3	2		5	
	제조원가율	4%				3	4	2		5	
	관리비용	6%		3	4					5	
	서비스충실도	2%		4	2				3	5	
	신제품 출시 1인당 판매량	3%	4	3					2	5	
학습과 성장관점 (20%)	신제품 지원 교육투자	3%		3	4				2	5	
	역량개발비	4%		3	4				2	5	
	종업원 만족도	3%		3	4				2	5	
	우수인재 확보	3%		3	4				2	5	
	종업원 수익	5%		3	4				2	5	
	개인목표 연계도	2%	4	2	3					5	

(5: 지표관리부서, 4: 실행부서, 3: 유관실행부서, 2: 유관부서)

실무편

1.11. 성과평가

1.11.1. 성과평가 전략

기업의 경영활동이 전략을 달성할 수 있는 방향으로 움직였는가에 대한 검증에 있다. 그러므로 BSC에 대한 초기 평가는 전략 실행 모니터링에만 활용하고 성과 평가 및 보상에는 직접적으로 연결하지 않는다.

즉, BSC 구축 초기에는 BSC의 목적 및 BSC 자체의 조직 내 확산에 평가의 초점을 맞추는 것이 성과평가를 하는 데 중요한 전략이 되고 있다.

1.11.2. BSC평가의 적용

조직의 평가 피드백은 업무의 잘잘못을 가리거나 목표와 실적의 차이를 보여 주는 차원보다, 평가결과에 대한 원인 분석을 통하여 전략이나 사업계획의 조정 등에 활용하는 데 초점을 맞추어야 한다.

BSC 평가 적용의 초기에는 기존 평가방식과 BSC 평가방식을 병행하다가, 기존의 조직 및 개인평가 지표를 차츰 BSC 평가지표로 대치해 나간다. 평가주기 및 횟수, 평가결과 공개범위, 피드백 방법은 조직이 처한 상황에 따라 적절하게 협의 조정하여 기업의 조직에 맞도록 하여야 한다.

1.11.3. 조직단위의 성과평가

조직단위의 성과평가를 하는 데 있어서는 전략목표와 핵심성공요인(CSF)에 의한 핵심성과 지표(KPI)가 완성되면 조직 혹은 팀별로 전략목표를 실행에 옮길 전략 실행계획을 수립하게 되는데, 이 실행계획이 조직단위의 평가대상이 되며, 평가결과는 성과지표로 나타난다.

1.11.4. 조직평가와 개인평가

조직평가와 개인평가를 하기 위해서는 BSC 도입 초기에는 조직의 업적평가를 BSC로 대체해 나가게 되므로 팀장들은 BSC에 의한 평가를 받게 되고, 이에 대한 성과급이 지급되는 것이 일반적이다. 나머지 팀원들은 업적과 역량을 병행 평가하되, 초기에는 업적 부분을 조직의 업적평가로 대체하여 성과급을 지급하거나 조직의 업적평가를 일정비율 반영하는 방법이 있다.

1.11.5. 개인 성과평가

개인 성과평가를 실시할 경우 일반적으로 전략목표에 관련된 평가지표보다는 운영에 관련된 평가지표가 많아진다. 개인 성과평가는 조직에 따라 다르지만 대략적으로 2~3년 정도의 기간을 두는 것이 일반적이다. 개인의 업무도 전사의 전략목표에 정렬되도록 평가지표를 만들어야 한다. 개인성과에 대한 평가는 본부 및 조직단위의 BSC가 안정되고 나서 시작한다.

1.12. 평가와 보상

1.12.1. 평가방법

과거와 같이 기업 환경이나 고객을 무시한 기업 위주의 전략 수립만으로는 급변하는 환경에서 살아남을 수 없다. 전통적 재무측정치가 제공하는 정보는 고객관계 및 제품에 관한 의사결정의 근거로 사용되기에는 적합하지 않다.

그뿐만 아니라 IT기업과 같이 고도의 전문성과 자율성을 갖춘 조직원들의 성과를 평가하고 보상을 하는 데는 적합하지 않다. 현재 동사는 관리직은 연봉제, 생산직은 호봉제로 급여를 지급하고 있고, 영업직에 대한 인센티브제를 실시하고 있으며, 전년대비 기업의 성과가 기대 이상 양호한 때에는 이익의 일부를 지급하고 있다.

사례기업은 기존의 태도고과, 능력고과 등의 인사고과에 업적고과를 새로이 추가하여 직급별로 자기업적에 대한 신고와 상위자에 의한 확인 및 평가로 실시하였다. 기업이 BSC를 통해 새로운 전략을 모든 구성원에게 알리고 그들의 이해와 수용을 얻게 되면, 모든 부서, 팀, 그리고 개인의 목표가 전략에 정렬되어 전략이 성공적으로 실행될 수 있고 그에 대한 적절한 평가방법을 기업에 맞게 적용하여야 할 것이다.

<고과자>

고과대상자	제1차고과자	제2차고과자
부장	담당임원	최고경영자
팀장	부장	담당임원
대리	팀장	부장
사원	대리	팀장

<인사고과 등급표>

구분		S급	A급	B급	C급	D급
의미		많이 초과	초과	달성	미달	아주 미달
		도전해 볼 만한 목표	달성 가능한 목표	통상적인 목표	전년도 수준의목표	이하 수준
지표별 유형	당해 연도 목표가 설정된 경우	120% 이상	110% 이상	100% 이상	80% 이상	80% 미만
	실적기준에 의한 경우	전년도 대비 20% 상승	전년도 대비 10% 상승	전년도 수준	전년도 대비 90% 수준	그 미만 수준
	순위평가에 의한 경우	상위 10%	상위 11%~25%	상위 26%~60%	상위 61%~90%	하위 10%
환산점수		90~100	80~89	70~79	60~69	59 이하(없을 때는 C급으로)

1.12.2. 평가절차

사례기업은 평가 기준안을 마련하였는데 측정 가능한 주요 산출물로서 업적평가, 역량평가, 태도평가의 평가안을 개인, 팀별 평가시트로 제출하게 하였다.

첫째, 피고과자가 인사고과표의 자기신고서에 본인의 실적을 큰 것부터 나열한다. 둘째, 제1고과자가 피고과자를 평가한다. 셋째, 제2고과자가 피고과자를 평가한다. 넷째, 인사 담당 부서장이 종합하여 경영자에게 보고한 후 인사 및 급여에 반영한다. 다섯째, 인사고과는 매년 신년 초에 실시한다.

평가절차는 기업의 실정에 맞게 조정하고 응용하여 실시한다.

1.12.3. 직급별 평가기준

동사의 보상범위는 BSC 도입을 계기로 1차 연도에는 매출목표
와 경상이익률의 목표가 달성되면 초과이익의 20% 범위 내에서
Add－on 방식에 의해 팀별 성과급과 개인별 성과급을 지급할 계
획이며, 이러한 성과급 지급의 규모를 연차로 확대해 나갈 계획이
다. 또한 관리직은 영업조직의 실적 성과에 따른 중간급의 비율로
보상범위를 정하여 영업직에 도움을 주는 관리가 되고 공생공사하
는 일체감 있는 조직을 만든다.

평가반영 비율표

구분		실적평가		역량평가			태도평가
		부서실적	개인실적	공통역량	리더십역량	직무역량	근무태도
부장급	가중치	75%		25%			0
		70	30	40	50	10	
차장급	가중치	55%		35%			5%
		60	40	40	40	20	
과장급	가중치	40%		40%			10%
		50	50	50	30	20	
대리급	가중치	30%		40%			20%
		30	70	50	20	30	
사원급	가중치	20%		40%			30%
		10	90	50	10	40	

1.12.4. 보상범위

보상범위는 첫째, 매출액과 경상 이익률이 목표를 달성하면 경상이익 중 초과이익의 20%를 계산한다. 둘째, 경상이익의 20%를 하반기 인사고과 결과에 따라 인사고과 등급별로 하며, S급은 3, A급은 2, B급은 1의 비율로 하며 직급별로는 부장급은 2, 차장급은 1.75, 과장급은 1.5, 대리급은 1.25, 사원급 이하는 1로 해당자에게 차등 지급한다. 셋째, 동사의 보상은 연도 말 결산이 끝난 후 매출액과 경상 이익률의 목표달성 여부를 평가하여 보상 범위를 정한다.

1.13. 결론

본 ○○사는 BSC를 중소기업에 적용할 수 있는지를 사례기업을 통해 고찰한 학술연구(박무현 · 도상호, 2003)를 기반으로 하여 D사에 적용하여 BSC를 구축하였다. BSC는 대기업의 전략적 사업단위 조직에 적합한 전략적 성과관리 시스템으로 인식되어 왔지만 근본정신은 전략을 성과평가시스템과 연계하여 궁극적으로는 기업의 지속적인 경쟁력을 제고하는 데 있다.

따라서 BSC를 도입하는 목적은 조직의 규모나 제 자원, 기업운영방식 등에 따라 다를 수 있지만 중소기업에서도 BSC의 원형을 유지하면서 변형된 방법으로 BSC를 전략적 성과관리 시스템으로 채택할 수 있을 것으로 사료된다. 특히 사례기업인 ○○사는 IT기업으로서 인적자산이 가장 중시되고, 급변하는 기업 환경에, 뚜렷한 전략적 목표를 가지고 지속적으로 적응해야 하는 특수성을 지

실무편

니고 있다. 더불어 고객서비스를 최우선시해야 하고, 종업원 개개인이 전문지식을 가진 독특한 조직이기 때문에 전략과 성과평가시스템을 연계하는 BSC의 도입을 적극적으로 검토한 원인으로 생각된다.

이제는 과거와 같이 기업 환경이나 고객을 무시한 기업 위주의 전략 수립만으로는 급변하는 환경에서 살아남을 수 없다. 전통적 재무측정치가 제공하는 정보는 고객관계 및 제품에 관한 의사결정의 근거로 사용되기에는 적합하지 않다. 그뿐만 아니라 IT기업과 같이 고도의 전문성과 자율성을 갖춘 조직원들의 성과를 평가하고 보상을 하는 데는 적합하지 않다.

오늘날의 조직원들은 새로운 목표들과 보상시스템 등을 필요로 하기 때문에 투자수익률과 같은 재무회계에 근거한 보상시스템만으로는 그들의 요구를 충족시킬 수 없다. 비전과 목표에 맞추어 일관성 있게 조직구성원을 기업의 목표를 향해 나아갈 수 있게 할 수 있는 안내자가 필요한 시점이다.

향후 이러한 요구들을 충족시키기 위한 도구의 하나로서 대기업은 물론 중소기업에서도 BSC의 도입을 적극적으로 검토 도입할 수 있을 것으로 사료된다. BSC는 조직의 모든 구성원이 조직의 전략실행에 초점을 맞추도록 유도한다. 기업이 BSC를 통해 새로운 전략을 모든 구성원에게 알리고 그들의 이해와 수용을 얻게 되면, 모든 부서, 팀, 그리고 개인의 목표가 전략에 정렬되어 전략이 성공적으로 실행될 수 있을 것이다. 기업의 전략달성에 기여하기 위해서는 그들이 기업의 전략목표를 달성하기 위한 행동을 동기 부여해야 한다. 따라서 BSC성과지표를 적절하게 인센티브 보상에 연결시킬 경우 전략목표 달성 촉진에 기여할 것이다.

따라서 본 ○○사의 사례의 흐름을 파악하여 각각의 기업에 맞게, 큰 틀을 유지한 가운데, 기업실정에 맞게 활용하고 응용하는 계기가 되어, 많은 기업들이 전략적 성과관리(BSC)로, 기업의 이익 창출과 국가경제에 이바지하는 계기가 되었으면 한다.

2. 자동화시스템 구축업 사례 [(주)S사]

2.1. 기업의 개요

(주)S사는 2003년 설립된 회사로서, 20여 년간 산업시스템 자동화사업을 수행해 온 전문가들이 주축이 되어, 산업자동화시스템 구축을 위한 SCADA시스템 구축, MES시스템 구축, CMMS시스템 구축, 기간망 사업자를 위한 Traffic Trading시스템 구축 및 훈련 시뮬레이터 시스템 제작사업 등을 운영하고 있다.

S사는 2005년 ISO9001인증을 획득하였고, 벤처기업 등록을 하였으며, 현재 특허와 프로그램등록증을 다수 보유하고 있다. 동사의 매출액은 2005년 8억 원, 2006년 15억 원, 2007년 18억 원으로, 자산총액 9억 원, 부채총액 6억 원, 자본총계 3억 원, 자본금 1억 원으로 2007년 약 1억 원의 순이익을 실현하였으며, 임직원은 18명이다.

회 사 명	(주)S사
소 재 지	서울시
사업 분야	SCADA시스템 구축, MES시스템 구축, CMMS시스템 구축, 통신 Traffic Trading시스템 구축, 훈련 시뮬레이터시스템 제작
매출 목표	25억 원
종업원 수	18명
자 본 금	1억 원

2.2. 조직

(주)S사의 조직은 산업시스템팀과 시뮬레이터팀, 부설연구소와 관리팀으로 구성되어 있다.

동사의 경영자 및 임원들은 과거 대기업에서 약 20여 년간 산업시스템 자동화 사업을 수행해 온 전문가들로 구성되어 있으며 임원들은 각 조직별 팀장을 겸임하고 있다.

직원들은 IT전공으로 전문대 이상의 출신으로 구성되어 있으며, 산업 자동화 시스템 구축을 담당하는 직원들은 지방 현장에서 장기간 평일 내내 출장 근무하는 경우가 대부분이다.

산업시스템팀은 SCADA시스템, MES시스템, CMMS시스템, 통신 Traffic Trading시스템 구축을 담당하고 있고, 시스템 구축에 있어서의 능력과 신속도, 친절도가 새로운 영업으로 이어지고 있다.

시뮬레이터팀은 제한된 특정기기 운전을 위한 훈련 시뮬레이터를 제작하여 납품하고 있다

부설연구소에서는 산업자동화시스템에 필요한 위 4종류의 소프트패키지프로그램의 개발과 훈련시뮬레이터의 개발을 담당하고 있다.

관리팀은 사장이 직접 관장하며, 재무 및 업무지원 등을 위한 총무, 인사업무 등을 담당하고 있으며, 세무 및 법무업무는 외부에 아웃소싱하고 있다.

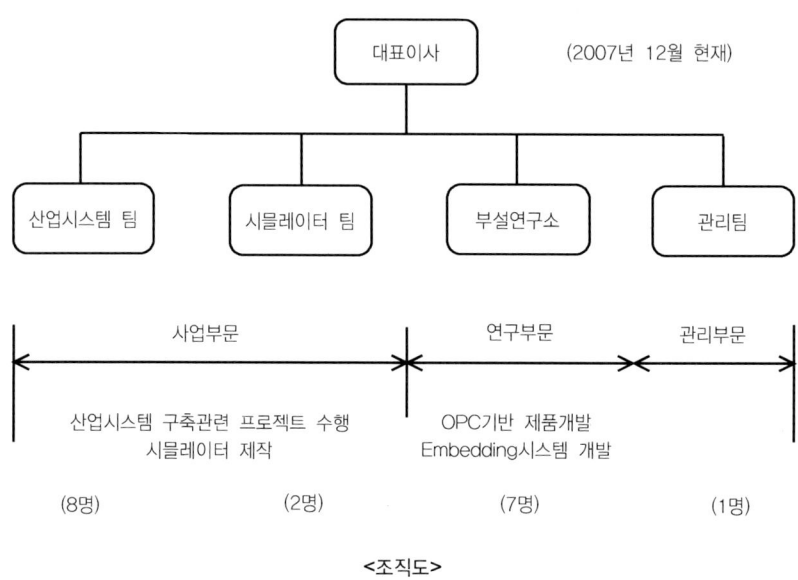

<조직도>

2.3. 도입배경 및 목표

2008년은 성장의 기반을 다져야 할 때이나, 영업환경은 갈수록 경쟁이 격화되고, 직원들은 대기업에로의 갈등을 겪고 있는 상황으로, 동사의 미래에 대한 청사진을 수립하여, 직원들의 합심과 자발적인 참여를 이끌어 내어, 성장의 기반을 확실히 구축하기 위하여 전략적 성과관리시스템을 도입하게 되었다.

실무편

2007년의 매출목표 미달성과 직원들의 산업자동화 시스템 구축 현장에서의 장기적인 파견근무로 인한 이직, 이에 따른 전문 인력의 구득 난을 타개하고자, 공정한 성과평가제도를 구축하여 우수인력을 확보하고 이들 직원들의 만족을 통한 성과향상과 더 나아가서는 고객을 위한 가치창조로 이어지는 경영성과 위주의 효율적인 관리체계를 확립하고자 한다.

2.4. 추진체계 및 일정

1) 내부 근무인원이 없는 관계로 경영자가 컨설턴트의 자문을 받아 직접 추진하기로 하였다.
2) 세부추진 일정 계획은 다음과 같이 편성하였다.

추진목표 및 내용		1개월				2개월				3개월				4개월				5개월			
		1	2	3	4	1	2	3	4	1	2	3	4	1	2	3	4	1	2	3	4
0. 프로젝트 추진세부방안 수립	0.1 상세작업계획확정	↕																			
1. 사차체계와 연계된 전략수립	1.1 내부진단		↕																		
	1.2 환경분석		↕	↕																	
	1.3 시장 및 경쟁분석			↕	↕																
	1.4 SWOT분석				↕																
	1.5 가치체계 및 전략 수립					↕	↕														
2. 핵심 성과지표 개발	2.1 전략 및 전략맵 수립						↕	↕													
	2.2 현 성과지표 및 보상조사							↕	↕	↕											
	2.3 전사 성과지표 개발										↕	↕									
	2.4 팀별 성과지표 정리											↕	↕								
	2.5 Moon chart 작성												↕	↕							
3. 평가 및 보상체계설계 및 통합운영방안수립	3.1 내부평가방안 설계													↕	↕						
	3.2 성과와 보상 연계방안설계														↕	↕					
	3.3 BSC역셀 설계															↕	↕				
	3.4 시범운영 및 교육																↕	↕	↕		
4. BSC관리체계이행 로드맵수립	4.1 평가 및 보상체계 수립																		↕	↕	
	4.2 본격 시행로드맵 수립																			↕	
	4.3 IT시스템 연계방안검토																↕	↕	↕	↕	
5. 최종보고서 작성																					↕

2.5. 진단 및 분석

동사의 현황을 파악하기 위하여, 내부 환경진단은 재무비율 분석, 한국경영기술컨설턴트협회의 경영진단표준모델에 의한 경영, 재무, 생산, 판매, 인사 및 조직에 대한 경영진단, 중소기업 종합지원센터의 경영리스크 분석과 중소기업진흥공단의 직원사기분석으로 수행하였고, 외부 환경분석은, 시장조사 및 PEST(정치, 경제, 사회 및 기술)분석과 5 Forces분석을 수행하여 SWOT분석을 다음과 같이 정리하였다.

▶ SWOT분석

내부환경＼외부환경		기회(O)	위협(T)
		1. 지식경제부지원 2. 세계시장의 지속적 성장 3. 고객의 편리성 추구 4. 국민소득 증가추세(3만 불)	1. 세계 각국의 자국SW산업 보호 및 지원 2. 경기침체로 SW 투자 지연 3. 구매력 저조
강 점 (S)	1. 경영진 경험과 노하우 2. 전문가 및 학문 전공 직원 3. 원청사와 유대관계 4. 틈새시장활동 5. 벤처기업인증	(SO전략) * 시장점유율 확대 * 고객만족 극대화 * 신규시장개척 연구개발로 지적재산권획득	(ST전략) * 매출목표 달성 * 해외 원청사들과 전략적 제휴 * 문제사업군 틈새시장의 발굴
약 점 (W)	1. 하청 중심 매출구조 2. 현장지원 인력부족 3. 성과평가체계 미흡 4. 자체 브랜드 미보유	(재전략) * 원가절감 * 기술역량의 강화 * 참여의식의 강화 * 자사 브랜드개발	(WT전략) * 수익성향상 * 업무매뉴얼 정비 * 국내 원청사와의 전략적 제휴 * 성과평가 및 제안제도로 직원의 자발적 참여 유도

2.6. 가치체계

　(주)S사의 가치체계정립을 위하여 경영자와 임직원이 참석한 가운데 임직원 개개인과 임직원들의 자녀들을 위한 미션과 비전 갖기에 대한 설명회를 개최하였고, 이어서 기업의 미션과 비전에 대한 설명회와 사례를 열거하고, 동시에 (주)S사의 미션과 비전을 공모하여, 경영자의 승인 아래 다음과 같은 미션과 비전을 확정하였다.

2.7. 전략목표와 핵심성공 요인

직원 공모와 경영자의 승인에 의해 확정된, 위의 미션과 비전을 달성하기 위하여 BSC의 4가지 관점에 의한 전략목표를 도출하였다. 전략목표는 ① 내부진단과, ② 환경분석, ③ 전략대안의 도출 및 평가, ④ 우선순위 부여로 전사 전략목표를 도출하고, 이 전략목표 달성을 위한 핵심성공 요인을 다음과 같이 도출하였다.

관점	전략목표	핵심 성공요인
재무	매출목표 달성	매출증대, 신제품 매출비중 증대
	수익성 향상	수익성 제고
고객	시장점유율 확대	기존고객 점유율 확대
	고객만족 극대화	고객만족도 향상
내부 프로세스	원가절감	비용절감
	혁신형 기업 인증	각종 계획 및 제도의 정비
	기술역량의 강화	신규아이템의 개발
학습과 성장	참여의식의 강화	자발적인 참여
	교육훈련 강화	직원역량 개발
	업무매뉴얼 정비	업무의 표준화 및 숙달

2.8. 전략맵

전략맵은 BSC의 4가지 관점으로 조직의 전략목표를 통합하여 시각적으로 보여 주는 개념적 틀을 말하며, 조직의 임직원들은 전략맵을 통해 조직의 전략목표에 대한 설명이나, 측정 및 실행을 훨씬 더 이해하고 효율적으로 실행할 수 있게 된다.

위와 같이 확정된 (주)S사의 전략목표를 달성하기 위하여 BSC의 4가지 관점인 재무 관점, 고객 관점, 내부 프로세스 관점 및 학습과 성장 관점에서 전략맵을 작성하였다.

새로이 작성한 동사의 전략맵은 다음과 같다.

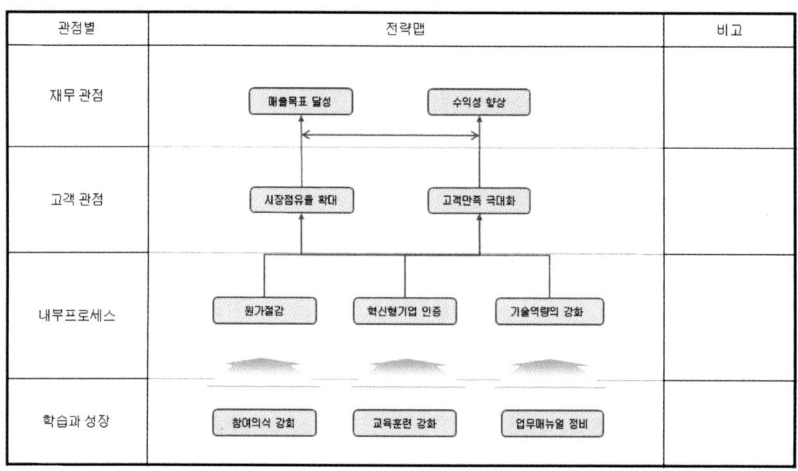

2.9. 핵심 성과지표

핵심 성과지표는 조직의 전략목표와 핵심 성공요인의 성공 여부를 측정하는 척도로서 성과를 측정할 수 있도록 조직이 관리하여야 할 대상에 대한 계량적 수치를 제공하는 지표로서 조직이 추구하는 전략목표 및 업무에 대한 측정과 평가의 기준을 제공해 준다.

2.9.1. 핵심 성과지표의 선정

전략목표와 핵심 성공요인에 따른 핵심 성과지표는 BSC의 4가지 관점에 따라 다음과 같이 설정하였다.

관점	전략목표	핵심 성공요인	핵심 성과지표
재무	매출목표 달성	매출증대	매출목표 달성률
		신제품매출비중 증대	신제품 매출액 비율
	수익성 향상	수익성 제고	경상이익률
고객	시장점유율 확대	기존고객 점유율 확대	기존고객 점유율
	고객만족 극대화	고객만족도 향상	CSI
			고객니즈와 직결된 과제수행건수
내부 프로세스	원가 절감	비용 절감	공기단축
	혁신형 기업 인증	각종 계획 및 제도의 정비	이노비즈 인증
	기술역량의 강화	신규아이템 개발	지적재산권 출원수
			신규아이템 개발 건수
학습과 성장	참여의식의 강화	자발적인 참여	제안참여율
	교육훈련 강화	직원역량 개발	OJT 횟수
			외부전문교육 참여
	업무 매뉴얼 정비	업무의 표준화 및 숙달	업무매뉴얼 구축률

2.9.2. 핵심 성과지표의 가중치와 측정주기

전략목표에 따른 핵심 성공요인을 검토하여, 전사적인 핵심 성과지표를 위와 같이 확정하고, 이에 대한 가중치와 측정주기를 9.3의 표와 같이 확정하고, 확정한 성과지표를 9.4의 표와 같이 팀별로 할당(cascading)하였다.

2.9.3. 전사적 핵심 성과지표

전사적인 핵심 성과지표와 이에 대한 가중치, 측정주기를 다음과 같이 확정하였다.

관점	핵심 성과지표	산식	실적	목표	가중치	측정주기
재무 (20%)	매출목표 달성률	총매출액/매출목표액 X 100			7%	반기
	신제품매출액 비율	신제품매출액/총매출액 X 100			6%	반기
	경상이익률	(경상이익 + 이자비용)/총자본 X 100			7%	반기
고객 (30%)	기존고객 점유율	2008년 기존고객 점유율/2007년 기존고객 점유율			10%	반기
	CSI	설문평가에 의한 종합, 부문별 지수			10%	반기
	고객 Needs와 직결된 과제 수행 건수	목표대비 고객 Needs와 직결된 과제 수행 건수/고객 Need 요청 건수			10%	분기
내부 프로세스 (30%)	공기단축률	실행일수/계획일수			8%	분기
	이노비즈 인증	이노비즈 인증			8%	연간
	지적재산권 출원수	1기 1건			7%	연간
	신규아이템 개발 건수	반기 1건			7%	반기
학습과 성장 (20%)	제안참여율	(제안횟수/월1회) X 50% + (매월1회/12월) X 50%			5%	월간
	OJT 개최 횟수	OJT 개최 횟수			5%	월간
	외부전문교육 참여	외부전문교육 참여 횟수			5%	반기
	업무매뉴얼 구축률	계획대비 구축률			5%	월간

2.9.4. 부서별 성과지표

전사 전략목표를 조직 전체에 할당하는 것을 캐스케이딩(cascading)이라고 하는데, 조직의 전략목표를 바탕으로 이에 덧붙여, 각 팀별 전략이 만들어지고 성과지표들이 도출된다.

전사의 전략목표는 BSC시스템에서 캐스케이딩을 통해 모든 조직단위의 전략목표와 연계되도록 하여, 부서의 역량이 기업의 전략실행에 일관되게 집중될 수 있도록 설계되어야 한다.

실무편

전사 핵심 성과지표를 각 팀별로 아래와 같이 할당하였다.

아래의 전사 핵심 성과지표의 팀별 할당과 더불어, 팀 자체의 전략목표와 성공요인, 성과지표를 추가하여 관리하는 경우가 많이 있다.

▶산업시스템팀

관점	전략목표	핵심 성공요인	핵심 성과지표
재무	매출목표 달성	매출증대	매출목표 달성률
	수익성 향상	수익성 제고	경상이익률
고객	시장점유율 확대	기존고객 점유율 확대	기존고객 점유율
	고객만족 극대화	고객만족도 향상	CSI
			고객Needs와 직결된 과제 수행 건수
프로세스	원가절감	비용절감	공기 단축
학습과 성장	참여의식 강화	자발적인 참여	제안참여율
	교육훈련 강화	직원능력 개발	OJT 개최 횟수
			외부전문교육 참여
	업무매뉴얼 정비	업무 표준화 및 숙달	업무매뉴얼 구축률

▶시뮬레이터팀(산업시스템팀과 동일함)

관점	전략목표	핵심 성공요인	핵심 성과지표
재무	매출목표 달성	매출증대	매출목표 달성률
	수익성 향상	수익성 제고	경상이익률
고객	시장점유율 확대	기존고객 점유율 확대	기존고객 점유율
	고객만족 극대화	고객만족도 향상	CSI
			고객Needs와 직결된 과제 수행건수
프로세스	원가절감	비용절감	공기 단축
학습과 성장	참여의식 강화	자발적인 참여	제안참여율
	교육훈련 강화	직원능력 개발	OJT개최 횟수
			외부전문교육 참여
	업무매뉴얼 정비	업무 표준화 및 숙달	업무매뉴얼 구축률

▶ 연구소

관점	전략목표	핵심 성공요인	핵심 성과지표
재무	매출목표 달성	신제품 매출비중 증대	신제품 매출액비율
고객	고객만족 극대화	고객만족도 향상	고객Needs와 직결된 과제 수행 건수
프로세스	원가절감	비용절감	공기단축
	혁신형 기업 인증	각종계획 및 제도의 정비	이노비즈 인증
	기술역량의 강화	신규아이템의 개발	지적재산권 출원수
			신규아이템개발건수
학습/ 성장	참여의식 강화	자발적인 참여	제안참여율
	교육훈련강화	직원역량 개발	OJT 개최 횟수
			외부전문교육 참여
	업무매뉴얼 정비	업무표준화 및 숙달	업무매뉴얼 구축률

2.10. Moon Chart

이러한 핵심 성과지표들을 관리하기 위하여, Moon Chart를 작성하는데, Moon Chart는 각 성과지표들을 관리하거나, 실행하는 부서, 또한 유관실행부서, 유관부서 등을 나타내어 책임과 한계를 분명히 하는 데 유용하게 쓰인다.

Moon Chart를 작성할 때에는 각 부서장이 모여 성과지표의 관리, 실행, 유관 여부 등에 관하여 합의를 이루어 내야 한다. 합의를 이루어 내지 못하면 추후에 관리, 실행 등에 대한 책임분쟁이 할 수 있다. 동사에서는 혁신담당을 최고경영자가 직접 담당하여 관리하도록 자청하였다.

실무편

| 관점 | KPI | 가중치 | 팀 별 | | | 혁신담당 | 비고 |
			산업시스템팀	시뮬레이터팀	연구소		
재무관점 (20%)	매출목표 달성률	7%	4	4	2	5	
	신제품매출액비율	6%	2	2	4	5	
	경상이익률	7%	4	4	4	5	
고객관점 (30%)	기존고객 점유율	10%	4	4	2	5	
	CSI	10%	4	4	2	5	
	고객 Needs와 직결된 과제수행 건수	10%	4	4	4	5	
프로세스관점(30%)	공기단축	8%	4	4	4	5	
	지적재산권 출원수	8%	2	2	4	5	
	이노비즈 인증	7%	2	2	4	5	
	신규아이템 개발 건수	7%	2	2	4	5	
학습과 성장 관점(20%)	제안참여율	5%	4	4	4	5	
	OJT 개최 횟수	5%	4	4	4	5	
	외부전문교육 참여	5%	4	4	4	5	
	업무매뉴얼 구축률	5%	4	4	4	5	

(5: 지표관리부서, 4: 실행부서, 3: 유관실행부서, 2: 유관부서)

2.11. 성과평가

2.11.1. 성과평가 전략

일반적으로 BSC에 의한 평가는 초기에는 전략 실행 모니터링에만 활용하고, 성과평가 및 보상에는 직접적으로 연결하지 않는다. 왜냐하면 BSC 평가 본연의 목적은 평가나 보상 그 자체가 아니라 기업의 경영활동이 전략을 달성할 수 있는 방향으로 움직였는가에 대한 검증에 있다.

그러므로 BSC 구축 초기에는 BSC의 목적 및 BSC 자체의 조직 내 확산에 평가의 초점을 맞추어야 한다.

2.11.2. BSC 평가의 적용

처음에는 기존의 평가방식을 유지하고, BSC 평가방식을 실험적으로 병행하다가, 기존의 조직 및 개인평가지표를 차츰 BSC 평가지표로 대치해 나간다. 평가주기 및 횟수, 평가결과 공개 범위, 피드백 방법은 조직이 처한 상황에 따라 적절하게 협의 조정한다.

평가 피드백은 업무의 잘잘못을 가리거나 목표와 실적의 차이를 보여 주는 차원보다는, 평가결과에 대한 원인 분석을 통하여 전략이나 사업계획의 조정 등에 활용하는 데 초점을 맞추어야 한다.

2.11.3. 조직단위의 성과평가

전략목표와 핵심 성공요인에 의한 핵심 성과지표가 완성되면 조직 혹은 팀별로 전략목표를 실행에 옮길 전략 실행계획을 수립하게 되는데, 이 실행계획이 조직단위의 평가대상이 되며, 평가결과는 성과지표로 나타나게 된다.

2.11.4. 조직평가와 개인평가

BSC 도입 초기에는 조직의 업적평가를 BSC로 대체해 나가게 되므로 팀장들은 BSC에 의한 평가를 받게 되고, 이에 따른 성과급이 지급되는 것이 일반적이다.

나머지 팀원들은 업적과 역량을 병행 평가하되 초기에는 직원 개개인의 업적부분을 조직의 업적평가로 대체하여 성과급을 지급하거나 조직의 업적평가를 일정비율 반영하는 방법이 있다.

실무편

2.11.5. 개인 성과평가

일반적으로 개인 성과평가를 실시할 경우 전략목표에 관련된 평가지표보다는 운영에 관련된 평가지표가 많아진다. 그러나 개인의 업무도 전사의 전략목표에 정렬되도록 평가지표를 만들어야 한다. 개인성과에 대한 평가는 본부 및 조직단위의 BSC가 안정되고 나서 시작한다. 조직에 따라 다르지만 대략적으로 2~3년 정도의 기간을 두는 것이 일반적이다.

2.12. 평가와 보상

2.12.1. 평가방법

현재 동사는, 모든 직원들에 대하여 연봉제로 급여를 지급하고 있으며, 회사 결산 후 당기 순이익의 일정비율(30%)을 임원 및 직원들로 나누어 조직 전체에 대한 성과급으로 지급하고 있다. 그 이유는 최고경영자는 적은 인원으로는 경쟁을 유발하기보다는 단합이 중요하다고 여기기 때문이다.

금번 동사는 기존의 인사고과(태도고과, 능력고과, 업적고과)에 업적고과의 비중을 높여서(50% 이상), 업적이 우수한 직원들에게는 특별상여를 지급하고자 한다.

업적고과는 자기 업적에 대한 신고와 상위자에 의한 확인 및 평가로서 실시하도록 하였다.

고과자

고과 대상자	제1차 고과자	제2차 고과자
팀장(임원 3명)	최고경영자	
차과장(차장 2명, 과장 3명)	최고경영자	
대리급 이하(대리 2명, 사원 7명)	팀장	최고경영자

인사고과 등급표

구분		S급	A급	B급	C급
의미		많이 초과	초과	달성	미달
		도전해 볼 만한 목표	달성 가능한 목표	통상적인 목표	전년도 수준의 목표
지표별 유형	당해 연도 목표가 설정된 경우	120% 이상	110% 이상	100% 이상	80% 이상
	실적기준에 의한 경우	전년도대비 20% 상승	전년도대비 10% 상승	전년도 수준	전년도대비 90% 수준
	순위평가에 의한 경우	상위 20%	상위 20%~60%	하위 15~20%	하위 5%
환산점수		90~100	80~89	70~79	없을 때는 B급으로

2.12.2. 평가절차

1) 인사고과는 매년 12월 초에 실시한다.

2) 피고과자가 인사고과표의 자기신고서에 본인의 실적을 큰 것 부터 나열한다.

3) 제1고과자가 피고과자를 평가한다.

4) 제2고과자가 피고과자를 평가한다.

5) 최고경영자가 12월 말일 이전에 종합하여 인사 및 급여에 반영한다.

실무편

2.12.3. 보상규모

동사는 BSC 도입을 계기로 기존의 순이익에 대한 일정비율의 상여금 지급 외, 1차 연도에는, 성과우수자에 대하여 특별상여금을 지급하고, 2차 연도부터는 매출목표와 순이익률의 목표가 달성되면, 초과 이익의 일정범위 이내에서, Add - On방식에 의해 팀별 성과급과 개인별 성과급을 지급할 계획이며, 이러한 성과급 지급의 규모를 연차로 확대해 나갈 방침이다.

평가반영 비율표

구분		실적평가		역량평가			태도평가
		부서실적	개인실적	공통역량	리더십역량	직무역량	근무태도
팀장급	가중치	70%		30%			0
		80	20	40	60	0	
차과장급	가중치	50%		40%			10%
		60	40	50	40	10	
대리급 이하	가중치	40%		40%			20%
		40	60	50	20	30	

2.12.4. 보상절차

1) 동사의 보상은 11월 말 회사의 경영성과를 측정하고, 12월 중의 경영성과를 예측한다.
2) 연도의 예측된 순이익의 30%를 임원과 직원들로 나누어 연말 상여로 지급한다.
3) 성과우수 직원에 대하여 상기 외의 범위에서 특별상여를 지급한다.

4) BSC시스템이 구축될 때에는 조직 및 개인에 대한 특별성과급 지급을 확대할 방침이다.

제 3 장

서비스업 BSC시스템 구축 사례

1. 서비스업 사례 [L사]

1.1. L기업의 현황

1.1.1. L기업의 개요

(주)L기업은 1988년 11월 24일 설립한 회사로, 새마을 식당차를 철도공사로부터 임대받아 운영하고 있는 회사로 2004년 적자, 2005년 적자를 기록하고 있었다. 종업원 수는 75명, 자본금은 2억 원, 매출은 42억 원을 실현하고 있었다.

[L기업의 개요]

회사명	주식회사 L기업
소재지	서울 강서구 ○○동 ○○번지
생산품목	도시락/이동급식
매출목표	42억 원
종업원 수	75명
자본금	2억 원

1988년 L기업은 김밥, 도시락 등을 납품하는 외식업체로 출발하여 때로는 순조롭게, 때로는 경영의사결정의 잘못으로 어려움을 겪

기도 하였다. 그러던 중, 2004년 1월 당시 철도공사 새마을호 식당차를 운영하던 P업체가 누적된 적자로 운영권을 포기하면서 공개입찰이 이루어졌고 L기업이 운영권을 확보하게 된 것이다.

당시 시장상황은 일본의 열차 식당차가 폐지되었고 KTx의 도입으로 새마을호 고객이 KTX로 이동될 것이라는 예측, 신규 역사마다 다양한 종류의 외식업체의 입주, 고객들의 테이크아웃(음식물을 구매하여 열차 내로 이동하는 행위)이 일반화되는 등 외부의 여건은 좋은 것이 아니었다. 당시로서는 레드오션 사업에 해당될 수밖에 없는 것이다.

L기업은 김밥 판매경험, 도시락 판매경험 등 이 분야에 대한 유통경험만으로 조금은 무리하게 새마을 식당차 운영권을 확보하게 된 것이다. 전 운영권자였던 P사는 별다른 운영매뉴얼도 인계해 준 것이 없고 기존의 승무원 20명을 고용 승계하는 악재까지 겹치면서 설상가상이 되었다.

1.1.2. L기업의 조직도

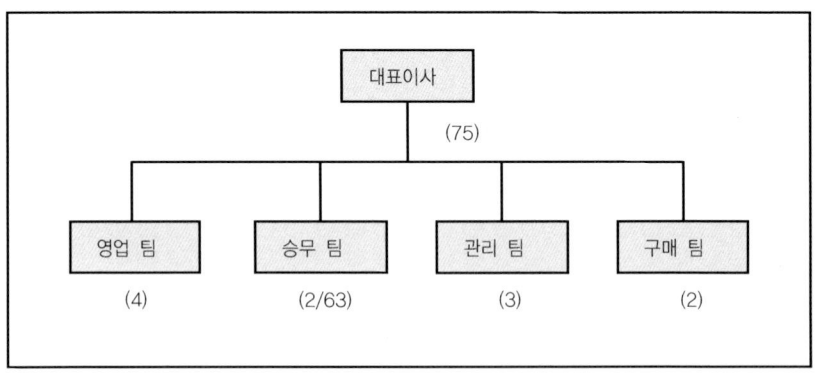

L기업의 종업원 수는 이미 기술한 바와 같이 75명이다. 그중 승무원(열차 식당차에서 판매하는 여종업원)이 63명으로 가장 많은 구성비를 갖고 있었다. 조직도를 보면서 몇 가지 의문을 만들었다.

첫째, 현재의 인건비율의 구조를 바꿀 수 있을까?

둘째, 강력한 판매교육으로 매출향상을 할 수 있을까?

1.2. 전략의 접근

1.2.1. 현상분석

2006년 7월 L의 상반기 약식 손익계산서를 살펴보니 −4%의 경상적자를 보이고 있었다. 그해 상반기 매출액은 17.8억 원으로 이중 매출원가가 30%, 인건비율 33.8%, 철도공사 영업수수료 24%, 기타경비 16.2%로 매우 열악한 상황이었다.

몇 년간 누적적자의 규모는 눈덩이처럼 늘어나고 있었다. 열차 식당차를 운영하기 시작했던 2004년의 적자액은 3.2억 원, 2005년의 적자액은 1.0억 원, 2006년 상반기의 적자액은 0.7억 원, 2006년 상반기 현재, 누적적자액은 4.4억 원이 되었다. 자본금은 모두 잠식되었고 상당한 부채도 발생하게 되었다.

그렇다고 뚜렷하게 이 문제에 대한 전략이나 대책이 있는 것도 아니었다. 당시 CEO는 이 사업을 계속해야 하는지, 아니면 중단해야 하는지, 기로에 서 있었다. 사업을 중단하는 것보다 종업원의 입장을 생각해 보면 실로 기가 막힐 지경이었다. 그렇다고 계속 사업을 하게 되면 적자는 더욱 증가될 수밖에 없는 진퇴양난의 입장이었다.

예상했던 대로 매출액 대비 인건비율은 높았고, 철도공사 영업수수료도 낮은 수준은 아니었다. 결국 경상이익의 실현을 위해서는 인건비를 낮추든가, 매출원가를 낮추든가, 철도공사 영업수수료를 낮추든가, 매출을 올리든가, 내부적인 원가절감을 실시하든가 하는 5가지 관점에서 검토해야만 했다.

그런데 매출원가를 낮추면 도시락의 품질이 낮아지고, 철도공사 영업수수료는 L사가 '을'의 입장이므로 양사의 합의를 이끌어 내기가 쉽지 않은 상황이었다. 또 하나의 방법은 매출을 향상시키는 것인데, 판매는 지속적인 교육을 실시하고 숙련되는 데는 어느 정도 기간이 필요했다. 결국 인건비를 줄이고 원가절감을 통해 경상이익을 창출하는 길밖에는 별다른 방법이 보이지 않았다.

먼저 인건비 절감을 위한 현상분석을 시작하였다. 모든 열차는 2명의 승무원이 탑승하고 있었다. 매출 자료를 분석하던 중 열차별 일일 매출 자료에 주목했다.

어느 열차는 일일 807,000원의 매출을 올리는가 하면 어느 열차는 126,000원의 매출을 올리고 있었다. 똑같이 2명의 승무원이 승차하고 있었지만 1인당 매출은 403,500원과 63,000원으로 너무 격차가 심했다. 가장 낮은 열차와 가장 높은 열차의 매출격차는 681,000원(1인당 340,500원)이었다. 그럼에도 열차식당차의 특성상 1명은 조리, 1명은 서빙이라는 구조를 가지고 있었다.

실무편

[L사 2006년 상반기 약식 손익계산서]

계 정 과 목	품 목	합계	비율
1. 매 출 액		1,785,383,380	
매출구분	식당차	1,541,603,000	
	관광열차	40,164,080	
	여행사	48,696,600	
	창고임대매출	6,692,778	
	증차열차	164,920,000	
2. 매출원가		536,899,039	30%
매입	식재료, 소모품	525,361,908	
	전월재고	118,718,097	
	당월재고	107,180,966	
3. 매출총이익		1,248,484,341	
4. 인건비		599,646,341	33.6%
	급여	471,787,895	
	판매수당	56,623,090	
	교통비	23,342,000	
	식대	21,881,000	
	숙박수당	1,335,100	
	퇴직금	22,671,700	
	기타	2,605,768	
5. 일반관리비		163,389,574	9%
	일반관리비	163,389,574	
		0	
		0	
		–	
		–	
6. 영업이익		485,448,426	27%
7. 영업외비용		4,800,000	
	감가상각	4,800,000 0	
8. 경상이익		480,648,426	27%
9. 철도공사영업료		423,576,276	24%
10. 부가가치세충당금		124,848,434	
12. 손 익		−67,776,284	−4%

결국 승무원의 구조를 어떻게 바꿀 것인지가 가장 큰 문제해결의 요점이었다. 단도직입적으로 "1인 승무를 하면 안 되는가?"라고 물었다. 모두가 안 된다고 부정적이었다. 1명은 조리, 1명은 서빙을 해야 한다고 했다. 또다시 물었다. "교육과 훈련을 통해 판매능력을 향상시키면 어떨까?" 그러나 교육훈련에 대한 콘텐츠도 미흡했고 운영방법도 미흡했다. 또다시 물었다. "조리를 하지 않는 메뉴로 바꾸면 어떨까? 그렇게 되면 1명의 승무원이 탑승해도 되지 않을까?" 고객들이 끓이는 음식을 선호하기 때문에 곤란하다고 했다.

컨설턴트와 기업간부 간에 있었던 설전은 한동안 계속되었다. 심지어 '철도를 모르는 컨설턴트가 와서 사람 잡는다'는 표정이었다. 하지만 컨설턴트의 입장에서 보면 인건비 절감은 매우 중요했고 가장 빠른 경상흑자 실현의 길이었다.

먼저 조리를 하는 메뉴를 비조리 메뉴로 대체하기로 하고 새로운 메뉴를 구성하였다. 그리고 32량의 열차를 1인 승무할 것을 목표를 세웠다. 그리고 '경상이익이 낮은 원인은 무엇일까'라는 내용으로 이슈트리를 분석해 보았다.

일일매출현황(단일기준) – PAGE

2006년 10월 26일 목요일

작성자: 김일주

		담당	과장	부장	사장

구	문	편도매출		왕복매출		비 고
1	서울 – 부산	1001	W 40.00	W 120,000		
		1012	W 55,000			
2	서울 – 부산	1030	W 73,000	W 176,000		
		1040	W 106,000			
3	서울 – 부산	1017(A)	W 55,000	W 335,000		
		1010(A)	W 277,000			
4	서울 – 부산	1017(B)		W —		
		1010(B)				
5	서울 – 마산	1031	W 163,000	W 527,000		
		1032	W 364,000			
6	서울 – 부산	1041	W 365,000	W 607,000		
		1048	W 422,000			
7	서울 – 부산	1043	W 123,000	W 303,000		
		1046	W 160,000			
8	서울 – 부산	1243	W 115,000	W 288,000		
		1214	W 173,000			

문주치랑   종성치랑

번호	구간	코드		금액		금액	비고
9	서울 – 부산	1003(A)	W	238.000	W	453.000	
		1014(A)	W	215.000			
10	서울 – 부산	1003(B)			W	–	
		1014(B)					
11	서울 – 부산	1203	W	208.000	W	300.000	
		1252	W	101.000			
12	부산 – 서울	1081	W	100.000	W	299.000	
		1086	W	199.000			
13	서울 – 진주	1035	W	195.000	W	365.000	
		1036	W	171.000			
14	서울 – 부산	1005(A)	W	263.000	W	263.000	편도운행
15	서울 – 부산	1007(A)	W	225.000	W	225.000	편도운행
16	서울 – 부산	1007(B)			W	–	편도운행
17	서울 – 부산	1083	W	97.000	W	250.000	
		1084	W	153.000			
18	서울 – 목포	1061	W	160.000	W	299.000	
		1064	W	119.000			
19	서울 – 광주	1071	W	165.000	W	335.000	
		1074	W	170.000			
서울운임	매출합계		W			5,364.000	

크게 영업과 관리 측면에서, 세부적으로 영업활동요인, 생산성요인, 철도 외 매출요인, 승무원관리, 원가절감요인 등으로 구분하여 원인을 분석하였다. 그 결과 영업활동요인 중 승무원 1일 1인당 매출이 가장 큰 문제로 지적되었다.

[L사 경상이익이 낮은 원인의 분석]

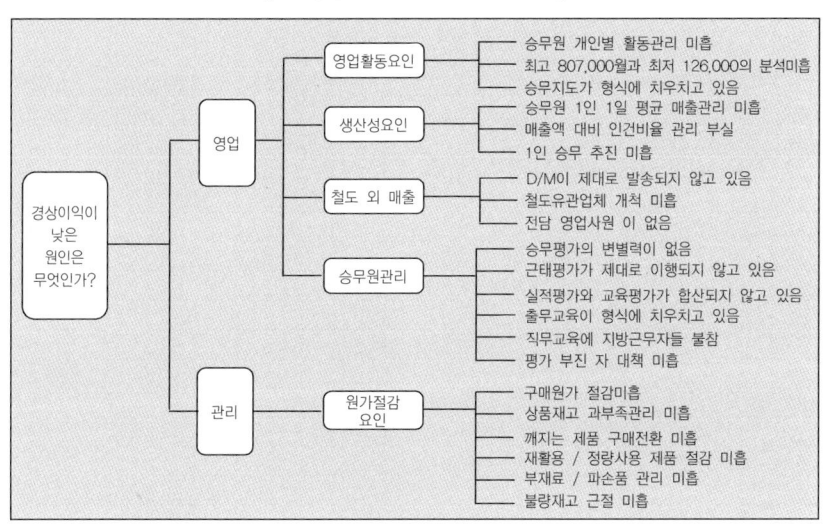

1.2.2. 가치혁신 분석

L사의 가치혁신을 분석해 보았다. 경상이익 향상을 위하여 '감소시켜야 할 것', '증가시켜야 할 것', '창조할 것', '제거할 것' 등으로 나누어 분석해 보았다. 그 결과 매우 중요한 경영적 문제를 발견하게 되었다.

첫째, 감소시켜야 할 것으로, 승무원 인건비, 도시락 구매원가, 메뉴 수였으며, 둘째로 증가시켜야 할 것은, 교육과 훈련, 매출증대, 승무원 친절도였으며, 셋째로 창조시켜야 할 것은, 공유가치 설정, 1인 승무, BSC(전략적 성과관리) 구축이었으며, 끝으로 제거해야 할 것은, 부진매출메뉴, 조리시간 등으로 나타났다.

L사 가치혁신 분석을 통해 L사가 경상이익을 향상시키기 위한 몇 가지 중요한 것을 간추려서 작성한 것이 L사의 전략 CANVAS 이다.

[L사 전략 CANVAS]

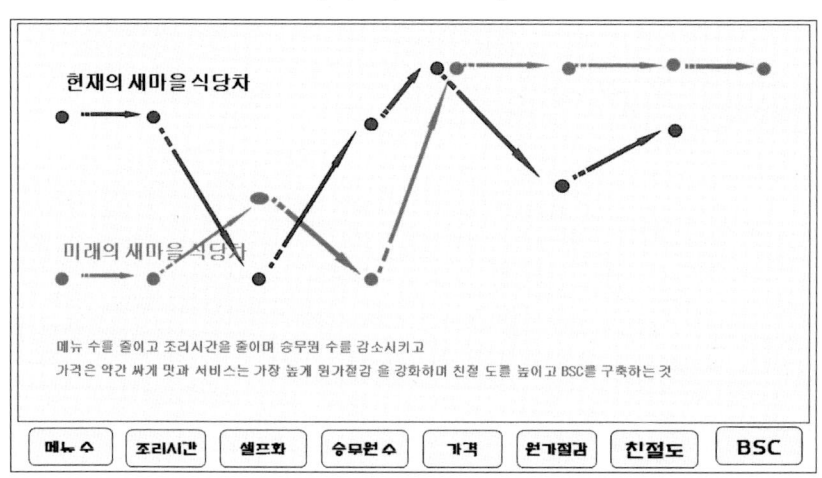

1.2.3. SWOT 분석

현상분석을 마치고 L사의 SWOT 분석을 실시하였다. 먼저 외부의 기회와 위협을 분석하는 데 거시환경, 정보기술, 고객과 시장, 공급자, 이해관계집단 등으로 나누어 분석하였고, 내부역량분석으로, 경영전략, 간접지원, 핵심활동, 마케팅, 인력운영, 정보인프라 등으로 나누어 분석을 실시하였다.

그 결과 외부의 기회는 주 5일 근무확대, 고가치를 요구하는 고

실무편

개의 기대, 경쟁업체가 없는 분야, 열차식당의 기득권, 고유가로 열차에 고객이동 등이었고, 외부의 위협으로는 고객이 위생에 대한 관심고조, 식사 테이크아웃 고객이 많음, 철도유통의 객실도시락 판매로 경쟁심화, 역사 부근의 식당업체들이 강한 경쟁업체, 재계약 시기 도래 등이었다.

다음으로 내부역량에서 강점은, 국내유일의 열차식당 운영업체, 현금매출영업, 열차증편 영업확대, L사 브랜드홍보 기대, 자체 제조능력 보유 등이었으며, 약점은 영업 부가가치 낮음, 조리시간과 과다한 메뉴 수, 고객만족과 서비스 낮음, 승무원 관리교육 미흡, 구매원가 절감부재 등이었다. 이것을 가지고 SO전략, WO전략, ST전략, WT전략을 만든 것이 SWOT분석이다.

L사 SWOT 분석을 통해 7개의 전략목표를 도출하였다. 가치혁

[SWOT 분석]

내 부 / 외 부	강점(S)	약점(W)
	- 국내 유일의 열차식당 운영업체 - 현금매출 영업 - 열차증편 영업 확대 - L사 브랜드 홍보 기대 - 자체 제조능력 보유	- 영업의 부가가치 낮음 - 조리시간과 과다한 메뉴 수 - 고객만족과 서비스 낮음 - 승무원 관리/교육 미흡 - 구매원가절감 부재
기회(O)	SO전략(공격전략)	WO전략(만회전략)
- 주 5일 근무 확대 - 열차식당 사용료 인하 - 경쟁업체가 없는 분야 - 열차식당의 기득권 - 고유가로 열차에 고객이동	- 가치혁신 제고 - 브랜드파워 구축	- 수익성 제고 - 원가절감 강화
위협(T)	ST전략(우회전략)	WT전략(생존전략)
- 고객이 위생에 대한 관심 고조 - 식사 사전준비 고객이 많음 - 유통의 객실 도시락 판매로 경쟁 - 역사 부근의 식당들이 강한 경쟁 업체 - 재계약 시기 도래	- 지원 시스템 구축 - 고객만족 향상	**- 생산적인 영업 - 승무원 교육훈련**

신 제고, 수익성 제고, 원가절감 강화, 지원시스템 구축, 고객만족 향상, 생산적인 영업, 승무원 교육훈련이 그것이다.

컨설팅은 팽팽한 긴장과 미래의 기대로 하나하나 윤곽이 보이기 시작했다. 그래서 더욱 L사 CEO에게 강력한 확신을 주어야겠다고 생각했다. 그것은 컨설팅 전과 후를 비교하여 무엇이 얼마만큼 달라지는지를 예측케 하는 것이었다. 물론 컨설턴트 자신도 귀신이 아니고는 정확하게 말하기는 쉽지 않다.

그러나 오랜 경험으로 현상분석이 끝나면 컨설팅을 통해 어떤 결과가 오리라는 것을 어느 정도 예측이 가능해지는 것이다. 이른바 정량적 목표인 것이다. 경상이익률 5% UP/1인 승무열차 대수 32대/매출액 인간비율 3.8% D/N/원가 절감률 5% UP 등이 그 골자이다. CEO는 매우 흡족해했다. 그렇게 되면 흑자원년이 가능해지기 때문이다.

[L사 컨설팅 정량적 목표/2006년]

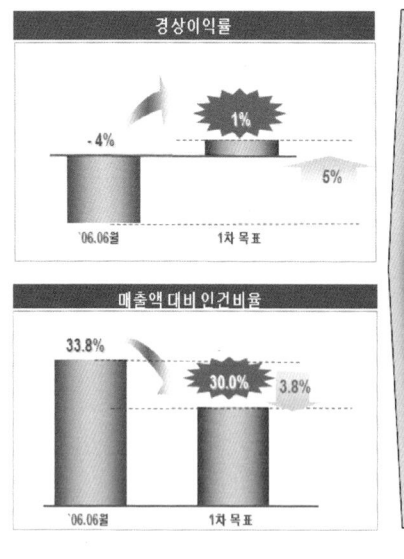
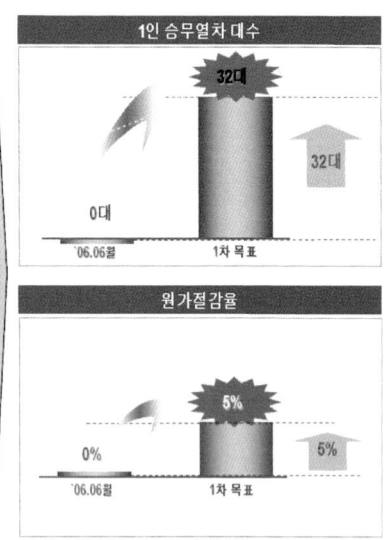

실무편

1.3. 가치체계의 구축

1.3.1. 전략적 성과관리(BSC)의 AS IS - TO BE

전략적 성과관리의 구축에 앞서 L사의 성과관리 현황을 살펴보니 매우 초보적인 목표관리 수준이었다. 이를테면 미션과 비전이 없다든지, 전략이 구체적이지 않다든지, 핵심성공 요인을 체계화하지 않았다든지, 핵심성과 지표의 수도 몇 개에 불과했다.

성과관리에 신뢰성 있는 툴이 없다든지, 양식도 통일되지 않았다. 다시 말하면 AS IS와 TO BE를 만들어 본 것이다. BSC를 구축하기 위한 TFT구축과 추진 일정이 만들어졌으나 여기서는 생략한다.

[L사 성과관리의 AS IS와 TO BE]

구분	AS IS	TO BE
1. 비전	• 사명이 분명치 않음 • 비전이 분명치 않음	• 사명을 선명하게 • 비전을 선명하게
2. 전략	• 전략이 구체적이지 못함 • 전략을 달성하기 위한 내용이 비 구체적 • 핵심성공요인의 미흡	• 전략이 구체적이어야 • 전략을 달성하기 위한 구체적인 내용이 있어야 • 핵심성공요인을 체계화
3.핵심성과지표	• 핵심성과지표의 수가 불충분 • 관점 별 핵심성과지표 부재	• 필요한 핵심성과지표의 수 • 관점 별 핵심성과지표 검토
4.제도	• 성과관리 제도의 미흡 • 매출목표 설정의 어려움	• 성과관리 제도의 명확화 • 매출목표 설정의 체계화
5.성과관리	• 신뢰성 있는 툴이 없음 • 평가 항목이 비체계적임 • 효율성과 연속성의 부족	• 신뢰성 있는 툴이 있어야 • 평가항목의 체계화 • 효율성과 연속성의 담보
6.성과운용	• 양식이 통일되지 못함 • 대책이 추상적임 • 누계달성관리가 미흡함 • 트렌드 관리가 미흡함 • 성과관리 미팅이 3개월에 1회 실시	• 양식의 통일 • 구체적인 대책 • 누계달성관리가 용이해야 • 트렌드 관리가 체계적이어야 • 성과관리 매월 1회 실시

1.3.2. 미션과 비전의 설정

전략적 성과관리(BSC)의 궁극적 목적은 미션과 비전의 달성에 있다. 기업의 존재 이유인으로 인 미션과 미션달성을 위한 중장기 목표가 비전이다. 따라서 성과를 향상시키는 것은 기업이 존재하기 위해서는 필수 불가결한 것이다.

미션과 비전을 만들 때 간부들과 CEO 등 몇 사람이 만들 수도 있다. 그러면 그것은 공유가치가 될 수 없다. 미션과 비전에 대한 전 사원 공모를 실시하여 누구나 한 가지 이상 제안을 하도록 하였다. 그것을 가지고 TFT가 선별하고 미션과 비전 각각 5 - 6개의 안을 만들고 이를 검토해 최종 안을 설정하였다.

[L사 미션 만들기]

사명 案	사명검토 항목		1조			2조		
1. 고품격 생명의 먹거리를 통하여 낭만과 기쁨을 주며 고객, 주주, 임직원이 신뢰와 가치를 공유한다.	검토항목		1 안	2 안	3 안	4 안	5 안	6 안
2. 고객에게 참된 맛과 행복을 주는 L사 인이 되자	A	지속 가능한가?	4.27	2.8	2.0	2.36	2.63	2.0
3. 고객과 함께하는 글로벌 기업으로 나아가자	B	근본적인 존재 이유 인가?	3.72	3.55	2.18	2.45	2.36	2.09
4. 건강을 위한 고객과의 약속 행복을 위한 직원과의 약속	C	전체를 나타내고 있는가?	3.82	2.91	2.0	1.91	2.91	2.55
	D	세계화와 인류애에 위배되지 않는가?	3.64	2.09	3.55	1.82	2.27	3.09
5. 더 좋은 맛으로 고객의 건강과 행복을 위한 기업가치를 만들자	E	방향을 제시하고 있는가?	3.45	2.91	2.91	1.55	2.64	2.73
6. 세계인의 입맛을 잡을 수 있는 제품으로 최고의 기업가치를 창조한다.	계		18.91	14.27	12.72	10.09	12.82	12.45

실무편

먼저 미션에 대하여 검토해 보자. 미션은 검토항목이, 지속 가능한가? 근본적인 존재이유인가? 전체를 나타내고 있는가? 세계화와 인류애에 위배되지 않는가? 방향을 제시하고 있는가이다. 75명이 제출한 미션 안을 6개 선정하고 TFT가 이를 5점 척도로 평가하였다. 그 결과 '고품격 생명의 먹을거리를 통하여 낭만과 기쁨을 주며 고객, 주주, 임직원이 신뢰와 가치를 공유한다'로 결정되었다.

비전 역시 같은 방법으로 접근하였다. 비전은 검토항목이, 달성 여부를 알아야, 기간 개념이 있어야, 모호하거나 추상적이지 않아야, 슬로건 같은 외침이 있어야, 동기부여가 가능해야 되는 것으로 검토하였다. 그 결과 '외식문화의 리더, 비전 1010'으로 결정되었다. 이것의 내용은 '외식문화의 리더가 되어 2010년에 100억의 매출을 올린다'는 의미이다.

그리고 오래전부터 사용해 오던 '고객은 항상 옳다'라는 사훈은 그대로 사용하기로 하였다. 미션과 비전은 즉시 액자로 만들어 사무실에 걸어놓았고, 조회나 승무원 교육 때 복창하도록 했다.

우리가 주지하는 바와 같이 매킨지 컨설팅의 7S는 STRUCTURE, SYSTEM, STYLE, STAFF, SKILL, STRATEGY, SHARED VALUE이다. 그런데 7S 중에서 가장 중요한 것이 SHARED VALUE(공유가치)로, 바로 미션과 비전을 말하는 것이다. 결국 미션과 비전이 명확하지 않으면 나머지 6S가 강해도 경영이 올바르게 설 수 없다는 의미일 것이다.

비전 案	비전 검토 항목		1조			2조	
1. 달성 1. 4. 1.		검토항목	1 안	2 안	3 안	4 안	5안
2. VISION 1. 4. 1.	A	달성여부를 알아야?	3.83	3.08	2.42	2.17	3.17
	B	기간 개념이 있어야?	2.75	3.42	2.58	2.38	2.50
3. 2010 - 100	C	모호나 추상적이지 않음?	3.58	3.33	3.00	1.75	4.17
4. IPO 2010	D	슬로건 같은 외침?	2.75	4.33	2.17	1.75	4.17
	E	동기부여 가능한가?	2.58	3.50	2.92	1.75	4.25
5. 외식문화의 리더 비번 1010		계	15.5	17.67	13.08	9.75	18.25

1.3.3. 4가지 관점과 전략맵

BSC에서 관점은 영리, 비영리기업이나 단체, 정부기관인가에 따라 다른데 영리기업의 경우는 학습과 성장 관점, 내부 프로세스 관점, 고객 관점, 재무 관점으로 구분하는 것이 가장 효과적이다.

먼저 학습과 성장 관점은 우리 회사가 지속적으로 가치를 개선하고 창출하려면 어떻게 해야 되는가에 대한 답이다. 가장 미래지향적인 관점이고 구성원의 역량을 강조하는 무형자산의 가치에 역점을 두고 있다. 인적자산과 정보자산, 조직자산을 키우고 육성하는 것과 관계된 것을 말한다. 예컨대 교육과 훈련, ERP구축, 성과관리, 방침관리 등이 포함된다.

다음은 내부 프로세스 관점으로, 성과를 극대화하기 위하여 기업의 핵심 프로세스 및 핵심역량을 규명하는 관점이다. 내부 프로세스는 업무성과를 극대화하기 위한 절차이며, 고객에게 만족을 제공하는 원인 활동이 되는 것이다. 이를테면, 운영관리 프로세스, 고객관리 프로세스, 혁신프로세스, 규제 및 사회적 책임 프로세스로 구성되어 있고, 공정관리나 사내클레임관리, 신제품개발, 품질관리 등이 포함된다.

세 번째는 고객 관점으로, 고객을 통한 가치창출 고객욕구의 지속적인 간파 등으로 고객만족도, 고객유지, 고객수익성, 시장점유율, 객당점유율 등이 여기에 해당한다. 이상의 내부 프로세스 관점과 고객 관점을 현재의 관점이라고 말한다.

[L사 관점과 전략맵]

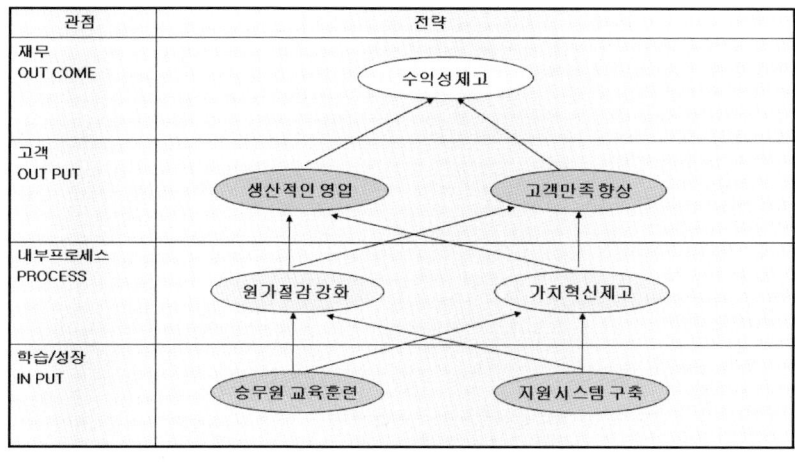

마지막으로 재무 관점은, 재무성과를 좋게 나타내는 것으로 과거의 관점이고, 여기에는 매출성장, 이익성장, 주주가치 등이 해당된다.

‘전략맵’은 이미 SWOT분석에서 도출된 7개의 전략을 가지고 4가지 관점에 따라 재구성해 보는 것이다. 그렇게 하여 선행전략과 후행전략의 개념을 이해하고 뒤에서 논의할 선행지표와 후행지표를 이해하는 것이다.

　여기서 선행전략과 후행전략의 구분은 IN PUT에 해당하는 학습과 성장관점의 전략이 가장 앞서는 선행전략이고 PROCESS, OUT PUT, OUT COME 순으로 선·후행이 이어진다.

　이것을 좀 더 완곡하게 표현하면 학습과 성장 관점의 전략이 효과적으로 실행되어야 내부 프로세스 관점의 전략이 생산성을 높일 수 있으며, 내부 프로세스 관점의 전략이 생산성을 향상시킬 때 고객 관점의 전략이 높게 나타나고, 고객 관점의 전략이 높게 되면, 재무 관점의 전략이 높게 된다는 것이다. L사 전략맵은 이를 상징적으로 보여 주고 있다.

[BSC의 프로세스]

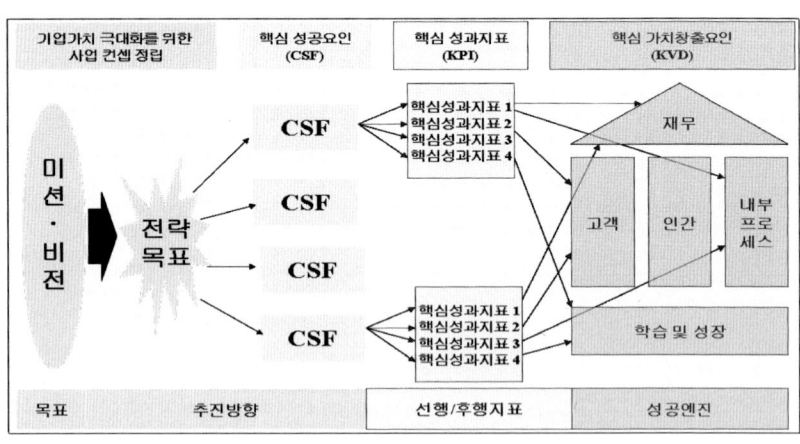

실무편

좀 더 알기 쉽게 설명하면, BSC 프로세스는 미션과 비전을 만들고 비전을 달성하기 위한 전략목표를 만들며(이미 7개의 전략목표를 SWOT 분석을 통해 도출했음), 전략목표를 달성하기 위한 핵심 성공요인을 구축하고 핵심 성공요인을 관리할 핵심 성과지표를 구축하는 일련의 프로세스로 구성되어 있는 것이다.

　미션과 비전, 7개의 전략목표, 핵심 성공요인, 핵심 성과지표가 학습과 성장 관점, 내부 프로세스 관점, 고객 관점, 재무 관점으로 어우러져 기업의 전략적 성과관리(BSC)의 체계를 만드는 것이다.

　여러 기업의 전략적 성과관리(BSC)를 구축하면서 결국 '기업＝사람'이라는 등식에 이르게 된다. 따라서 사람이 사업의 중심에 서게 하려면 학습과 성장관점이 중요시되어야 한다.

　7년 전 일이다. K사를 컨설팅하면서 155억 매출에 교육훈련비 계정이 240만 원인 것을 보고 놀란 적이 있다. 그 당시 K사는 앞으로 인재난으로 기업이 어려워질 것에 대비하여 교육훈련비를 대폭 증액시킬 것을 제안한 바 있다. 당시 K사의 CEO는 교육훈련비를 낭비라고 생각했고 결국 최근 3년간 계속 매출이 하락하고 신규 사업을 추진할 만한 인재가 사내에 없어 곤혹을 치루고 있는 것을 보았다. 학습과 성장 측면의 투자는 아무리 많아도 지나침이 없는 것이다.

1.3.4. BSC 도입 목적의 교육

　어떤 경영혁신이나 컨설팅프로그램도 구성원이 공감하거나 협조하지 않으면 소기의 성과를 얻을 수 없는 것이다. 따라서 도입목적에 대한 교육은 매우 중요하다.

첫째, BSC는 전략의 달성을 촉진하는 것이다.

미국에서 있었던 '죽은 기업'의 사례는 매우 충격적이다. 전문가들이 가서 살펴보았더니 전략은 매우 우수했다. 그런데 망한 이유는 실행을 하지 않은 데 있었다. 아무리 전략이 좋아도 달성을 촉진하는 역할이 없으면 곤란한 것이다. BSC는 바로 이런 역할을 해내는 것이다. BSC는 기업의 본원적 가치창출의 원천을 관점으로 구체화하며 현상 및 결과를 조기에 파악하여 적절한 전략적 조치를 취하고 핵심역량에 자원을 집중하여 전략달성을 효과적으로 지원하기 때문이다.

둘째, 균형 잡힌 성과평가를 이루는 것이다.

성과평가의 균형(Balance)이란 참으로 여러 가지 의미가 있다. 과거에 수행한 결과를 평가하고 미래의 성과를 예측한다는 의미와

[BSC의 균형 잡힌 성과평가]

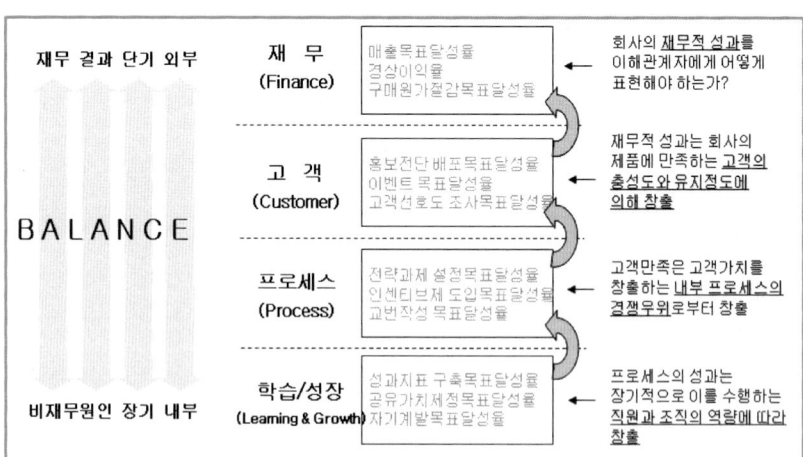

함께, 재무성과에서 재무와 비재무성과를 모두 고려해야 하고, 단기 성과관리에서 단기와 장기를 동시에 고려하며, 결과 중심의 평가에서 결과와 원인을 힘께 고려하고, 내부 중심의 평가에서 내부와 외부를 함께 고려하는 것을 말한다.

나아가서 학습과 성장 관점, 내부 프로세스 관점, 고객 관점, 재무 관점 등이 균형을 이루어야 한다. 여기서 4가지 관점의 균형이란, 가중치가 모두 25%가 되는 것을 의미하는 것은 아니다. 기업의 제품과 서비스유형, 그리고 경영철학에 따라 학습과 성장에서 재무관점까지 15:30:30:25%의 유형도 그 기업에 맞는 균형이 되는 것이다. 여기에는 선행지표와 후행지표의 설정을 균형 있게 만드는 것도 포함된다.

셋째, 책임경영의 구현이다.

BSC는 나무를 보여 주고 숲도 보여 주는 성과관리 툴이다. 자기 부서의 성과내용과 타 부서의 성과내용을 연관적으로 보여 줌으로써 평가결과에 대한 책임소재로 인한 갈등을 방지한다.

넷째, 조직변화의 촉진이다.

경영혁신이 성공하기 위해서는 조직구성원이 모두 참여하는 것이 매우 중요한데 BSC는 이를 촉진시킨다. 변해야 하는 당위성과, 전략의 통합을 통해 유기적 변화를 이루어 가기 때문이다.

다섯째, 의사소통의 활성화이다.

BSC는 조직에 공동의 언어를 제공하는 것이다. 같은 양식, 같은 용어, 전략의 통합, 성과발표회 등을 통해 자연적으로 의사소통이 활성화되는 것이다. 조직의 미션과 비전을 공유하고, 상충된 목표를 서로 조정하며, 개인과 조직의 성과에 대한 피드백을 통해 성과달성을 촉진하는 것이다.

여섯째, 신뢰도 확보가 공고해지는 것이다.

기업의 신뢰도는 내부나 외부, 이해집단에 이르기까지 모두 중요하다. BSC를 수행하고 있다는 것은 재무적 투명성과 기업의 무형자산의 한 부분으로 높은 평가를 받을 수 있는 것이다.

1.3.5. 가치체계와 비전 선포

이제까지의 가치들을 체계적으로 만들어 보겠다. 당연히 가장 상위 가치는 미션이다. 다음은 비전이다. 그리고 사훈이나 핵심역량이 될 것이다. 그 다음은 경영방침, 그리고 전략목표가 그 다음을 이을 것이다. 그리고 하단은 핵심 성공요인과 핵심 성과지표로 이루어진다.

가치체계가 완료되면 비전 선포식을 통해 전 구성원에게 이 사실을 알리고 조직원의 자발적인 협조와 참여를 유도해야 전략적 성과관리(BSC)는 성공을 거둘 수 있는 것이다.

[L사 가치체계]

비전을 선포한 뒤 공식적인 회의나 교육 및 성과발표회에서 미션과 비전을 선창하고 복창하는 것을 반복할 필요가 있다. 눈으로 보기만 하는 것과 보면서 입으로 말하면 훨씬 강하게 전달되기 때문이다. 할 수만 있으면 눈으로 보고 귀로 듣고 입으로 말하며 머리로 생각하고 손과 발로 실행하게 하는 것이 오위일체식 BSC 실천 자세이다.

사명	고 품격 생명의 먹거리를 통하여 낭만과 기쁨을 주며, 고객, 주주, 임직원이 신뢰와 가치를 공유한다.	
비전	외식문화의 리더, VISION 1010	
사훈	고객은 항상 옳다!	

관점 & 전략	재무 OUT COME	수익성 제고	
	고객 OUT PUT	생산적인 영업	고객만족 향상
	내부프로세스 PROCESS	원가절감 강화	가치혁신 제고
	학습/성장 IN PUT	승무원 교육훈련	지원시스템 구축
	핵심성공요인 & 핵심성과지표		

1.4. 핵심 성공요인과 핵심 성과목표

1.4.1. 핵심 성공요인의 도출

핵심 성공요인은 전략목표를 달성하기 위하여 반드시 필요한 것, 또는 중요한 요소를 말한다. 핵심 성공요인은 전략목표의 하위전략으로 비교적 좁은 의미이며 측정 가능성과 시간적 요소를 포함하는 문장으로 만들어져야 한다.

핵심 성공요인은 조직의 현재의 경영성과뿐만 아니라 미래의 가치를 증대시키기 위하여 무엇을 관리해야 하는지를 명확하게 알려준다. 또한 전략목표를 달성하기 위한 세부전략이며 하나 이상의 성과지표로 측정이 가능해야 한다. 핵심 성공요인은 주로 5가지 원천에서 도출된다.

첫째, 해당 산업 자체로부터 도출되는 핵심 성공요인

둘째, 업계 내의 활동범위에 따라 도출되는 핵심 성공요인

셋째, 환경의 변화요인에 따라 도출되는 핵심 성공요인

넷째, 단기적 위기상황에 의하여 도출되는 핵심 성공요인

다섯째, 특정관리자와 관련되어 있는 핵심 성공요인 등이 그것이다.

L사의 경우 이익발생의 원천이 무엇인가를 생각해 보면 열차식당차에서 승무원이 도시락을 팔면서, 또는 커피를 팔면서 비롯되는 것이다. 따라서 '승무원의 정예화'를 위해 무엇이 중요한지를 살펴보는 이슈트리도 매우 중요한 것으로 보였다.

이것은 이미 앞에서 강조한 바와 같이 핵심 성공요인 도출의 5가

[L사 승무원 정예화, 무엇이 문제인가?]

승무원 정예화 무엇이 문제인가?

내적 요인
- 월 1회 CEO 문자메시지 발송 – 직원사기진작
- 지방승무자 관리 부실 – 사각지대
- 승무평가 개별관리
- 매출격차관리 – 우수자 (–)저조자 / 저조자의 능력향상
- 격려와 칭찬 활용
- 현업과의 괴리감 해소 – 규정, 지시, 출무교육

외적 요인
- 1인 일 매출 목표관리 – 31만원
- 성과보고회 공유 – 직원참여(우수자, 저조자)
- 직무교육 월 1회 실시 및 100% 참여
- 출무교육 – 동기부여에 중점
- 판매 우수 사례발표
- 민원사례별 예방교육
- 철도 외 매출 활성화를 위한 승무원 영업능력 활용 – 명함지원, 수수료 지급
- 식사시간 벨, 음악 활용
- 지역특성에 따른 상품판매 – 와인(영동, 경부선)
- 상차 시 영업준비 지원 강화
- 1인 승무강화로 영업생산성 향상
- 열차 별 특성에 따른 메뉴, 보급, 영업차별화
- 성과급제도 재 검토
  - 기본 성과급과 실적에 따른 성과급 차별화
  - 종합평가 우수자 교육면제
  - 분기우수자 포상
  - 일일 평균 (62)만원 이상 자 특별인센티브

실무편

지 원천에서 첫째, 해당 산업 자체로부터, 넷째, 단기적 위기상황 돌파와 관련이 있는 것이다.

L사의 경우 '승무원 정예화, 무엇이 문제인가'라는 이슈트리를 분석해 본 결과 적색 부분이 핵심 성공요인으로 채택되었거나 채택에 상당한 영향을 준 것들이다.

물론 핵심 성공요인 개발은 5가지 원천 외에도 환경분석, CEO 인터뷰, 컨설턴트의 조언, TFT의 토론 내용, 장표의 점검, 업무조사표 등의 다양한 방법이 동원된다.

더욱 유용한 방법은 BSC의 4가지 관점으로부터 도출해 가는 방법이다. 학습과 성장관점에서 '우리기업이 지속적으로 성장하려면 미래를 위해 무엇을 해야 하는가?'라는 질문에 대하여 토론해 보는 것이다. 분명, 교육 강화, 성과관리 구축, ERP 구축, 인센티브제도 등이 거론될 것이다.

다음은 내부 프로세스 관점에서 '우리는 무엇을 잘해야 효율성과 생산성을 높일 수 있을까?'라는 질문에 대하여 토론해 보는 것이다. 분명, 공정관리 철저, 사내클레임 관리, 신제품 개발강화, 품질관리, 설비가동률 제고 등이 거론될 것이다.

세 번째로, 고객 관점에서, '고객은 우리에게 무엇을 요구하고 있는가?'라는 질문에 대하여 고객의 입장이 되어 토론해 보는 것이다. 분명, 납기준수철저, 고객만족도제고, 불만처리신속 등이 거론될 것이다.

끝으로, 재무 관점에서, '주주는 우리에게 무엇을 기대하고 있는가?'라는 질문에 대하여 주주의 입장이 되어서 토론해 보는 것이다. 분명, 매출향상, 경상이익 제고, 경제적 부가가치(EVA), 자기자본 경상이익 등이 거론될 것이다.

또 다른 유용한 방법은 전략으로부터 도출해 가는 방법이다. 7개의 전략에서 수익성을 제고하려면? 생산적인 영업을 하려면? 고객만족을 향상시키려면? 원가절감을 강화하려면? 가치혁신을 제고하려면? 승무원 교육과 훈련을 강화하려면? 지원시스템을 정착하려면 등 질문에 대하여 TFT 구성원이 워크숍을 통해 만들어 가는 방법이다.

그리고 핵심성공 요인을 개발하는 데 몇 가지 원칙을 지키면 개발의 오류와 시간의 낭비를 막을 수 있다. 그 원칙은 아래와 같다.

1. 핵심성과 지표는 적을수록 좋다.
2. 사업의 핵심성공 요인들과 연계되어야 한다.
3. 관점으로 볼 때, 조직의 현재, 과거, 미래가 한눈에 조망되어야 한다.
4. 고객, 투자자, 이해관계자 등을 욕구를 기반으로 개발되어야 한다.
5. CEO의 의지로 전 구성원에게 전파될 수 있어야 한다.
6. 핵심성공 요인은 변경 가능하고 환경과 전략에 따라 조정되어야 한다.
7. 목표와 목적은 정확한 조사에 근거하여 설정되어야 한다.

실무편

경영조직의 이해관계자

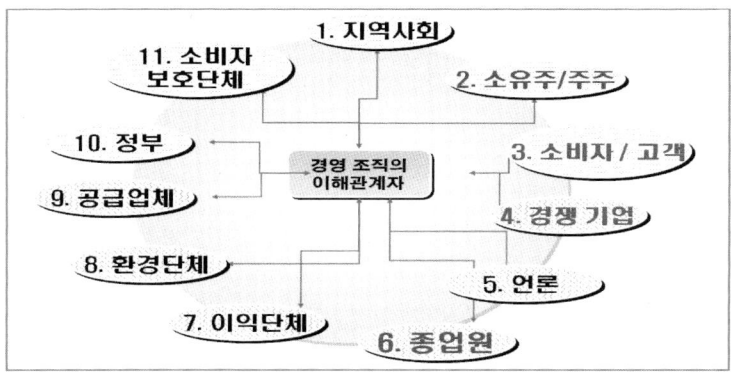

핵심 성공요인의 개발이 잘 되었는가? 아니면 부족한 점이 있는 가라는 의구심이 생긴다면 '핵심 성공요인 개발점검 체크리스트'를 활용해 보는 것이다. 물론 핵심 성공요인이 40 – 50개가 된다면 그 것의 모두를 점검할 필요는 없다. 비교적 애매모호한 핵심 성공요 인이라면 한번 점검해 보고, 50점 만점에서 25점 이하가 되는 것 은 재검토할 필요가 있다.

[핵심 성공요인 개발점검 체크리스트]

점검항목	배점					적합성
	5	4	3	2	1	
전략연계성 : 전략의 달성여부를 판단할 수 있는가?						
목표의 중요성 : 중요한 목표인가?						
활동지향성 : 지속적으로 활동하는 지표인가?						
데이터 가용성 : 데이터로 사용 가능한가?						
측정가능성 : 측정이 가능한가?						
목표설정 용이성 : 목표설정이 용이한가?						
목표간 균형성 : 너무 난해 하거나 쉽지 않은가?						
지속 가능성 : 지속적으로 활동과 평가가 가능한가?						
통제 가능성 : 지표관리를 통제할 수 있는가?						
평가의 객관성 : 측정방법에서 객관성을 유지하는가?						

1.4.2. 핵심 성공요인

핵심 성공요인의 도출방법에 따라 L사의 핵심 성공요인을 24개 도출하였다. 말이 24개지 그것을 도출하는 과정은 쉽지 않았다. '사무직이 많지 않아 성과관리를 하는 것이 어렵다.'

[L사 관점별 핵심성공 요인 24개]

관점	전략목표	핵심 성공요인	핵심 성과지표(KPI)
재무	수익성 제고	매출관리	매출목표달성율
		경상이익관리	경상이익률
		철도 외 매출관리	철도 외 매출목표 달성율

관점	전략목표	핵심 성공요인	핵심 성과지표(KPI)
고객	생산적인 영업	승무원 실적평가 실시	승무원 실적평가 실시율
		철도유관업체 개척관리	철도유관업체 개척목표달성율
		성과급 수령자 관리	우수 성과급 수령율 성과급 미 수령율
		매출격차관리(상 하위20%)	매출격차 액(현재30만원)
		승무원 1인1일 평균매출관리	승무원 1인1일 평균매출액
	고객만족 향상	민원처리결과	민원처리율
		D/M 실시관리	D/M 실시 목표달성율

관점	전략목표	핵심 성공요인	핵심 성고지표(KPI)
프로세스	원가절감 강화	인건비율 30% 유지	인건비율
		월 손익관리	월 손익계산 작성횟수 목표달성율
		상품재고 과부족관리 집중관리품목선정(5)	상품재고 과부족 품목률 (찬합, 육개장, 황태, 안주, 컵)
		불량재고근절관리	불량재고 발생률
	가치혁신 제고	보급관리	보급달성율
			1인 승무율
		정산오류관리	정산오류률
		실적 저조자 정리	실적저조자 정리율

관점	전략목표	핵심 성공요인	핵심 성고지표(KPI)
학습 성장	승무원 교육훈련	출무교육실시	출무교육실시 목표달성율
		직무교육 실시	직무교육실시 목표달성율
		승무평가실시	승무평가실시 목표달성율
	지원시스템 정착	근태평가실시	근태평가실시율
		승무원 종합평가실시	승무원 종합평가실시율
		성과보고회 관리	월 성과보고횟수

'지금까지 해 보지 않았던 기법이다', '승무원의 현장지원도 힘
이 드는데 언제 이런 것을 분석할 수 있느냐?', '이런 것을 하려면
사무실 내근이 많아야 하는데 현실적으로 곤란하다'는 등 다양한
변명이 나왔다.

24개의 핵심성공 요인을 도출하고서도 문제는 실행이었다. 끊임
없이 변화관리의 타당성과 성과관리의 효율성을 지속적으로 교육
하였다.

1.4.3. 핵심 성과지표(KPI) 도출

앞 쪽에서 핵심 성공요인 24개와 핵심 성과지표 24개를 보여 주
고 있다. 핵심 성공요인의 도출방법은 이미 설명하였다. 이제부터
핵심 성과지표(KPI)의 도출에 대하여 설명하고자 한다.

핵심 성과지표(Key Performance Indicator)란, 관리해야 할 대상에
대하여 계량적 수치를 제공하는 지표를 말하며 조직이 추구하는
전략 및 업무에 대한 측정과 평가의 기준을 제공해 준다.

좀 더 설명하면 핵심 성과지표란, 미션, 비전, 전략목표, 핵심 성
공요인의 달성 여부를 측정하는 척도로서 성과를 측정할 수 있도

록 계량적 혹은 질적으로 나타낸 것을 말한다. 모든 핵심 성공요인은 핵심 성과지표에 의해 객관적이고 계수적인 달성 여부를 측정할 수 없는 경우에는 전략적 성과관리(BSC)의 목적을 달성할 수 없기 때문에 핵심 성과지표는 성과관리에서 매우 중요한 요소가 된다. 결과적으로 핵심 성과지표의 개발은 BSC의 핵심이라고 말할 수 있다.

핵심 성과지표의 도출과정은 위에서 보여 주는 바와 같이 비교적 어렵지 않다. 다만 어떤 핵심 성공요인에 대하여 가장 효과적인 성과관리를 할 수 있는 핵심 성과지표가 무엇일까를 고민하는 것은 결코 허튼 일이 아니다.

핵심 성과지표는 성과의 목표 대비 달성률이나 달성수준을 평가하는 의사소통의 수단이며 공통의 언어에 해당된다. 핵심 성과지표

[핵심 성과지표 도출과정]

전사전략도출	전사의 전략을 도출함 SWOT분석 등을 통해 도출함
전사 핵심성공요인	전사의 핵심전략을 도출함 BSC의 전략과 연계되어야 함
부/팀 사명 설정	부/팀 사명을 결정함 " 을 함으로 에 기여한다."
운영상 핵심성공요인	운영상 필요한 핵심성공요인을 도출한다. 이것은 부서 고유의 핵심성공요인이다.
부/팀 핵심성공요인	전사 핵심성공요인으로부터 부/팀 핵심성공요인을 캐스케이딩(Cascading) 한다.
부/팀 핵심성과지표	핵심성공요인 각각에 대하여 핵심성과지표를 개발한다.
핵심 성과지표 목표	각각의 핵심성과지표에 대하여 과거 3년간의 데이터를 참고하여 적정수준의 목표부여
지표의 가중치 설정	각각의 핵심성과지표에 대하여 가중치 부여 그것은 전략의 중요도, 난이도에 따라 작성

참고 : Cascading이란, 전사 핵심성공요인을 조직전체에 할당하는 것

실무편

는 선행지표와 후행지표가 있다.

선행지표는 후행지표에 영향을 준다. 예컨대, 고객응대시간, 제안건수, 결근율 등의 선행지표는 시장점유율, 매출액, 직원 만족도 등의 후행지표에 영향을 준다.

선행지표는 결과를 주도하거나 결과를 낳게 하는 지표이며, 후행지표는 이전에 행해진 행동에 대한 결과를 나타낸다. 훌륭한 BSC는 선행지표와 후행지표가 적절하게 혼합되어 있어야 한다.

핵심 성과지표의 설정 시, 기존지표의 활용, 선진지표의 벤치마킹, 지표 풀의 형성 등 여러 가지 체크포인트가 있다. 나아가 투입지표, 과정지표, 산출지표, 결과지표로 나누어지며, 투입지표와 과정지표, 산출지표를 효과성지표라 하며 결과지표를 영향지표라고도 한다.

여기서 투입지표라 함은 학습과 성장 관점의 지표이며, 과정지

[핵심성과 지표 설정 시 체크포인트]

세부활동	체크포인트
기존지표 수집	현재 관리되고 있는 지표 지표 생성의 책임자 지표의 지속관리 여부 지표의 정의 데이터의 원천 지표의 계산방법 정기적 보고 지표인지 데이터의 주기적 갱신 여부
선진 지표 수집/활동	경쟁기업의 성과지표에 무엇이 있는지 선진기업의 성과지표 타 기업의 성과지표의 활용방법
지표 POOL 형성	지표의 POOL 을 어떻게 만드나 지표 POOL의 관리방법

표란 내부 프로세스 관점의 지표이며, 산출지표란 고객 관점의 지표를 말하고, 결과지표란 재무 관점의 지표를 말함이다.

L사는 핵심 성과지표에 대하여 산식을 만들고 현 수준과 목표를 설정하고 전체 핵심 성과지표를 100으로 하여 가중치를 만들었다. 가중치는 100을 넘지 않아야 한다. 그리고 측정주기를 확정함으로써 BSC의 모양이 갖추어졌다.

여기서 측정주기란 핵심 성과지표의 목표에 대하여 매달 분기 반기로 평가할 것인지를 결정하는 것이다.

[L사 핵심 성과지표 현황]

관점	핵심성과지표(KPI)	산식	현수준	목표	가중치	측정주기
재무관점 (20)	매출목표달성율	매출실적 / 매출목표 * 100	42억	50억	5	매월
	경상이익률	경상이익 / 매출액 * 100	2.3%	8.5%	10	매월
	철도 외 매출목표 달성율	철도 외 매출실적 / 매출목표 * 100	1.7억	7억	5	매월
고객관점 (35)	승무원 실적평가 실시율	승무원 평가횟수 / 계획횟수 * 100	12	12	4	매월
	철도유관업체 개척목표달성율	신규개척 수 / 목표 개척 수 * 100	25	30	4	매월
	우수성과급수령율	우수성과급 수령 자 / 전체승무원 *100	/	20%	5	매월
	매출격차 액(현재30만원)	상위 20% 평균매출 – 하위20% 평균매출	/	15만	4	매월
	승무원 1인1일 평균매출액	1일 평균 매출액 / 승무원 수	28만	31만	10	매월
	민원처리율	민원접수건수 / 처리건수 * 100	100	100	4	매월
	D/M 실시 목표달성율	D/M실시건수 / 계획건수 * 100	250	500	4	매월
내부프로세스관점 (35)	인건비율	인건비 / 매출액 * 100	33.8	28%	8	매월
	월 손익계산 작성횟수 목표달성율	월 손익계산서 작성 횟수	12	12	3	매월
	상품 과부족 품목률	과부족 품목 수 / 전체 품목 *100	/	5%	3	매월
	불량재고 발생률	불량재고 / 판매수량 * 100	0.7%	0.3%	3	매월
	보급 달성율	보급완료건 수/보급 요청건수 *100	93%	100%	3	매월
	1인 승무율	1인 승무 횟수/전체 승무횟수 *100	/	78%	10	매월
	정산오류률	정산오류건수/전체정산건수*100	3.5%	1%	2	매월
	실적저조자 정리률	실적저조 정리자수/전승무원*100	/	10%	3	분기
학습성장관점 (20)	출무교육 실시 목표달성율	출무교육 실시횟수/계획횟수 *100	26	52	3	매월
	직무교육실시 목표달성율	직무교육 실시횟수/계획횟수*100	6	12	3	매월
	승무평가 실시 목표달성율	승무평가횟수/계획횟수*100	12	12	3	매월
	근태평가실시율	근태평가횟수/계획횟수*100	12	12	3	매월
	승무원 종합평가 실시율	종합평가횟수/계획횟수*100	4	4	3	분기
	월 성과보고횟수	월 성과보고회 횟수	12	12	5	매월

다음은 관점별 핵심 성과지표에 대한 부서별 문 차트를 만들어야 하는데, 지표관리부서는 5, 실행부서는 4, 유관실행부서는 3, 유관부서는 2로 표현하여 작성한 것이다. 문 차트는 핵심 성과지표에 대한 지표관리부서, 실행부서, 유관실행부서, 유관부서가 어디인지를 명확히 보여 주고 있어 어느 부서가 책임을 지고 어느 부서별로 어떻게 도움을 주어야 하는지를 보여 주고 있다.

따라서 어떤 핵심성공 요인도 어느 한 부서의 힘으로 이루어질 수 있는 것은 하나도 없는 것이다. 이를 이해하면서 모든 전략이 성공적으로 달성되려면 부서 간 상생의 협조가 있어야 한다.

[관점별 핵심성과 지표에 대한 문 차트(Moon chart)]

관점	재무	가중치	20			
전략목표	해심 성공요민	핵심 성과지표(KPI)	부서별			
			구매	승무	영업	관리
수익성 제고	매출관리	매출목표달성율	2	3	4	5
	경상이익관리	경상이익률	2	2	3	4
	철도 외 매출관리	철도 외 매출목표 달성율	2	3	4	5

참고:5:지표관리부서. 4:실행부서. 3:유관실행부서. 2:유관부서

관점	고객	가중치	35			
전략목표	해심 성공요민	핵심 성과지표(KPI)	부서별			
			구매	승무	영업	관리
생산적인 영업	승무원 실적평가 실시	승무원 실적평가 실시율	2	4	3	5
	철도유관업체 개척관리	철도유관업체 개척목표달성율	3	2	4	5
	성과급수령자관리	우수성과급수령율	2	3	3	4
	매출격차관리(상하위20%)	매출격차 액(현재30만원)	2	3	4	5
	승무원 1인1일 평균매출관리	승무원 1인1일 평균매출액	2	3	4	5
고객만족 향상	민원처리결과	민원처리율	2	4	3	5
	D/M 실시관리	D/M 실시 목표달성율	2	3	4	5

참고:5:지표관리부서. 4:실행부서. 3:유관실행부서. 2:유관부서

관점	내부프로세스	가중치	35			
전략목표	해심 성공요민	핵심 성과지표(KPI)	부서별			
			구매	승무	영업	관리
원가절감 강화	인건비율 30% 유지	인건비율	2	3	3	4
	월 손익관리	월 손익계산 작성횟수 목표달성율	2	3	3	4
	상품재고 관리 철저	상품재고 과부족 품목율	4	3	2	5
	불량 재고근절관리	불량재고 발생률	4	3	3	5
가치혁신 제고	보급관리	보급달성율	2	4	3	5
	1인 승무 철저	1인 승무율	2	3	4	5
	정산오류관리	정산오류률	2	4	3	5
	실적 저조자 정리	실적저조자 정리율	2	3	3	4

참고:5:지표관리부서, 4:실행부서, 3:유관실행부서, 2:유관부서

관점	학습과 성장	가중치	35			
전략목표	해심 성공요민	핵심 성과지표(KPI)	부서별			
			구매	승무	영업	관리
승무원 교육훈련	출무교육실시	출무교육 실시목표달성율	2	4	3	5
	직무교육 실시	직무교육실시 목표달성율	2	4	3	5
	승무평가실시	승무평가실시 목표달성율	2	4	3	5
지원시스템 정착	근태평가실시	근태평가실시율	2	4	3	5
	승무원 종합평가실시	승무원 종합평가 실시율	2	3	3	4
	성과보고회 관리	월 성과보고횟수	2	3	3	4

참고:5:지표관리부서, 4:실행부서, 3:유관실행부서, 2:유관부서

1.4.4. 지표정의서

L사는 25개의 핵심 성과지표에 대하여 지표정의서를 작성하였다. 지표정의서는 그 지표가 객관성이 있는지, 대표성이 있는지, 지속성이 있는지, 이해하기 쉬운지, 중복되지 않는 독특성이 있는지, 부정적이지 않고 동기부여 적인지 등의 원칙에 위배되지 않는지를 점점하기 위하여 작성한다.

핵심성과지표 명	매출목표 달성율	성과목표	50억
계산식	매출실적/매출목표*100		
관점	재무	분석주기	매월
소스/생성부서	판매일보	데이터생성시점	매월 말
KPI 담장자	이 **	KPI 담당부서	영업부
본 지표에 영향을 주는 지표	승무원 1인 1일 평균매출액	본 지표에 영향을 받는 지표	경상이익률 승무원 1인 1일 평균매출액
조기경보 임계 치	GREEN / 110%	YELLOW /100%	RED / 90%

핵심성과지표 명	경상이익 율	성과목표	8.5% 이상
계산식	경상이익/매출액 *100		
관점	재무	분석주기	매월
소스/생성부서	손익계산서	데이터 생성시점	매월 말
KPI 담장자	양 **	KPI 담당부서	관리팀
본 지표에 영향을 주는 지표	매출액 목표달성율 / 인건비율 원가절감율	본지표에 영향을 받는 지표	생략
조기경보 임계 치	GREEN / 7%	YELLOW / 4%	RED / 0%이하

지표의 정의서는 핵심 성과지표명, 계산식, 관점, 소스 생성부서, KPI담당자, 본 지표에 영향을 주는 지표, 조기경보 임계치, 성과목표, 분석주기, 데이터 생성시점, 담당부서, 본 지표에 영향을 받는 지표 등으로 구성된다. L사는 24개의 핵심 성과지표 정의서가 작성되었다.

1.4.5. 밸류체인(Value chain)별 핵심 성공요인

밸류체인은 기업의 전반적인 활동을 주 활동과 지원활동으로 나누고, 각각의 부문에서 비용과 가치창출 요인을 분석할 수 있는 것이다. 여기서 주 활동은 구매, 생산, 물류, 영업, 서비스 등으로 구분된다. 그리고 지원활동은 인사, 재무, 기획, 개발 등으로 이루어진다.

관점별 핵심 성과지표에 대한 Moon chart를 참고하여 실행부서 중심으로 핵심 성공요인과 핵심 성과지표를 재배치하는 것을 할당 (캐스케이딩, Cascading)이라고 한다. 부서별로 할당(캐스케이딩)한 것을 밸류체인별로 재구성한 것이 밸류체인별 핵심 성공요인이다.

[밸류체인별 핵심성공 요인]

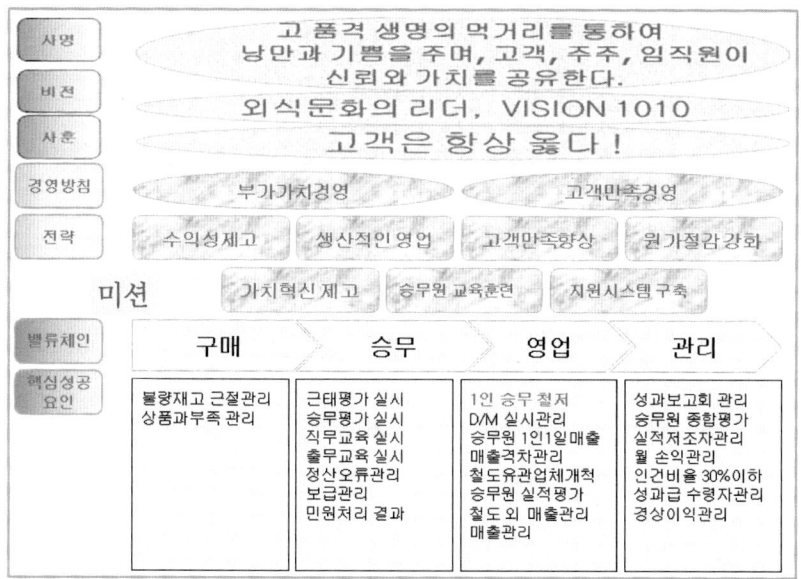

따라서 조직구성원은 핵심 성공요인을 확인하고 자원과 역량을 투입하여 목표를 달성해야 한다. 추상적인 전략이 아니라 구체화시키고 활동중심으로 계획을 세워야 한다.

핵심 성과지표를 참고하여 What, Who, How much, When, How 등으로 구체적인 계획을 세워서 철저히 실행할 수 있어야 한다.

1.5. 부서별 핵심 성공요인과 이니셔티브

1.5.1. 부서별 핵심 성공요인, 목표

이제 BSC의 마무리 단계가 되는 것 같다. 앞서 밸류체인별 핵심 성공요인을 가지고 '부/팀 핵심 성공요인, 목표, 신장률'을 만드는 것이다.

07년 [영업] 부/팀 핵심성공요인, 목표, 신장률

핵심성공요인	가중치	핵심성과지표(KPI)	단위	06년 실적	07년 목표	신장률	담당
1인 승무철저	20	1인 승무율	%	0	78	00	이**
D/M실시관리	10	D/M 실시 목표달성율	건	250	500	100	이**
승무원 1인1일 매출관리	20	승무원1인1일 평균매출액	만원	28	31	10.7	강**
매출격차관리	10	매출격차 액	만원	30	15	100	강**
철도유관업체 신규개척	10	철도유관업체 신규개척 달성율	개	25	30	20	강**
승무원 실적평가	10	승무원 실적평가 실시율	횟수	12	12	0	강**
철도 외 매출관리	10	철도 외 매출목표달성율	억원	1.7	7	311	이**
매출관리	10	매출목표 달성율	억원	42	50	19	이**
계	100						

이것은 부서명과 핵심 성공요인, 가중치, 핵심 성과지표, 단위, 06년 실적(현재의 수준), 07년 목표(목표수준), 신장률, 담당으로 구성되어 있다. 구체적으로 핵심 성공요인별 담당이 누구인지를 명확히 하는 것이다. 담당이 명확하지 않는 경우는 부서장이 담당이 된다.

07년 [영업] 부/팀 핵심성공요인, 목표, 월별 계획서

핵심성공요인	가중치	06실적	07목표	월 별 계 획											
				1	2	3	4	5	6	7	8	9	10	11	12
1인 승무철저	20	0	78	10	20	30	40	50	60	70	78				
D/M 실시관리	10	250	500	40	50	40	5	40	50	40	50	40	5	40	10
승무원 1인2일 매출관리	20	28	31	31	31	31	31	31	31	31	31	31	31	31	31
매출격차관리	10	30	15	15	15	15	15	15	15	15	15	15	15	15	15
철도유관업체 신규개척	10	25	30	2	3	2	3	2	3	2	3	2	3	2	3
2승3무원 실적평가	10	12	12	1	1	1	1	1	1	1	1	1	1	1	1
철도 외 매출관리	10	1.7	7	0.5	0.5	0.5	0.5	0.5	0.5	0.5	.5	0.5	0.8	0.8	0.9
매출관리	10	42	50	5	4	4	4	4	4	4	4	4	4	4	5
계	100														

그 다음으로는 부서별 연간 월별 계획서를 작성하는 것이다. 연간 목표를 월별로 얼마만큼 달성해야 되는지를 분명히 하는 것이다. 당월의 설정목표는 매월의 성과관리에서 당연히 해당 달의 목표가 되는 것이다.

1.5.2. 이니셔티브

07년 [영업]부/팀 핵심 성공요인 이니셔티브
핵심성공요인 수대로 작성 할 것

핵심성공요인	가중치	핵심성과지표 (KPI)	단위	06년 실적	07년 목표	신장률	담당
매출관리	10	매출목표달성율	억	42	50	19%	이 **

06년도 실적 분석			핵심성공요인의 목표달성방안		

06년도 실적 분석

철도의 월별 매출 / 39.7억

월 매출실적

철도 외 월별 매출 / 2.3억

월별 매출비교

[문제점]
- 철도 2, 3, 4월 부진
- 철도 외 7, 8월 부진
- 월간 평준화 매우 미흡

핵심성공요인의 목표달성방안

ACTION PLAN	세부내용	WHEN
승무원 격려 문자	월 1회 CEO가 보냄	매월
매출격차 관리	상위 20%와 하위20%의 평균실적 차 30만원을 15만원으로 좁힘	1~7월
교육 사각지대 해소	지방 근무자 들의 교육사각 지대를 해소하여 직무교육에 참여 100%	12회
1인 승무 강화	현재의 2인 승무 열차를 점차 1인 승무로 교체 인건비 절감 제고	3~9월
판매우수 사례 발표	출무교육 때 판매우수자 사례 발표를 주1명 월 4명 발표	매월
열차특성 파악	열차 별 특성을 파악하여 승무원들이 사전 대처하여 영업에 만전을 기하게 함	1~2월

그 다음은 부서별 핵심 성공요인별 현재의 수준을 분석하고 목표수준에 대한 이니셔티브를 작성한다. 이니셔티브는 글자 그대로 핵심 성공요인과 목표를 달성하는 구체적인 계획인 것이다.

이니셔티브는 가능한 핵심 성공요인 수대로 작성하는 것이 좋다. 이때 매우 중요한 것은 현재의 수준이 어떤 형태로 이루어졌고 문제는 무엇인지를 철저하게 분석하는 것이다. 이를 통해 달성방안을 효과적으로 도출해 낼 수 있다.

이상의 프로세스를 완료했다면 전사와 부서별 핵심 성공요인과 이니셔티브를 묶어 한 권의 산출물로 만들어 부서별로 배포하는 것이 좋다.

1.6. BSC 월별관리

1.6.1. 부/팀 BSC 보고서

BSC 월별관리는 BSC의 구축보다 더욱 중요하다. 많은 기업이 BSC에 실패하는 것은 월별관리가 제대로 되지 않기 때문이다.

BSC 월별관리의 유의점은 다음과 같다.

첫째, 월별관리는 반드시 매월 실시해야 한다.

둘째, 월별관리는 익월 5일 내외가 바람직하다.

셋째, 반드시 CEO가 참여해야 한다.

넷째, 부서별 발표 순서를 정하여 우왕좌왕하지 말아야 한다.

다섯째, 반드시 발표 전 미션과 비전, 사훈, 슬로건을 복창한다.

여섯째, 참석범위는 대리 이상 참석하되 기업에 따라 정하는 것이 좋다.

일곱째, 부서별 질의응답을 활성화하는 것이 좋다.

여덟째, 컨설턴트의 코멘트와 CEO의 격려사로 끝을 맺는 것이 좋다.

아홉째, 프레젠테이션을 위해 소프트웨어는 파워포인트로 통일한다.

필자는 BSC의 월별관리에 대하여 나름의 툴을 가지고 있다. 이것은 방대한 BSC 이론과 조금 다를지도 모른다. 다만 중소기업에서 효과적인 사후관리를 하려고 애쓰다 보니 나름대로 만들어진 툴이다.

실무편

보고일:2007년 3월 5일 / 단위 : 만원

핵심성공요인	연가 목표	전월 누계	금월 목표	글월 실적	금월평가			연간 누계	누계 달성율 (%)	누계 점수
					가중치	달성율	점수			
1인 승무철저	78	10	20	18	20	90	18	18	23	4.6
D/M 실시관리	500	40	50	50	10	100	10	90	18	1.8
승무원 1인1일 매출관리	31	28	31	25	20	80.6	16.1	26.5	85.4	17.1
매출격차관리(역 공식)	15	20	15	18	10	83	8.3	19	78.9	7.9
철도유관업체 신규개척	30	2	3	3	10	100	10	5	16.6	1.7
승무원 실적평가	12	1	1	1	10	100	10	2	16.6	1.7
철도 외 매출관리	7	0.5	0.5	0.45	10	90	9	0.95	13.6	1.4
매출관리	50	5	4	4	10	100	10	9	18	1.8
계					100	(91.4점)		총누계점수		(38점)

주의: 누계달성율은 105% 까지만 인정함

월 부서별 BSC 보고서는 당월 실적에 대한 평가와 연간 누계달성추이를 동시에 볼 수 있도록 설계되어 있다.

구체적인 작성방법은, 연간목표는 글자 그대로 연간목표이며, 전월 누계는 연간목표의 직전 월까지의 누계실적을 말한다. 금월목표, 금월실적, 가중치는 크게 어려울 것이 없다. 달성률은 금월 달성률을 기록하고, 당월 점수는 [가중치*달성률/100]로 산출한다.

연간누계는 전월누계와 금월실적을 기입하여 작성한다. 누계달성률은 [누계실적/연간목표*100]로 산출한다. 누계점수는 [가중치*누계달성률/100]로 산출한다. 여기서 누계점수란 1－2월의 누계실적에 대한 점수로 1인 승무의 경우 가중치 20에 대하여 만점이 되면 1인 승무의 연간목표(78%)가 달성되었다는 의미가 된다.

예컨대 L사 영업팀의 경우 2월 BSC보고서를 보면 당월 점수는 91.4점 연간 누계점수는 38점인 것이다. 이것을 보면 승무원 1인

1일 매출관리에 예상보다 빠르게 진행되고 있음을 보여 주고 있다. 뒤에서 다시 소개하겠지만 1인 승무의 진행은 인건비의 절감이 매우 중요한 핵심 성공요인인데 비교적 계획보다 앞당겨지고 있음을 보여 주고 있다.

1.6.2. 부/팀 BSC 분석보고서

전체적으로 영업팀의 2월의 성과는 알 수 있지만 핵심 성공요인별로 구체적인 분석결과를 보기에는 한계가 있다. 그래서 '월 부/팀 BSC보고서'에 핵심 성공요인별로 '분석 보고서'를 첨부하도록 하는 것이다.

역시 핵심 성공요인별로 당월의 실적을 분석하고 다음 달 대책을 수립하는 형식으로 작성되는 것이다. 따라서 '부/팀 BSC보고서'

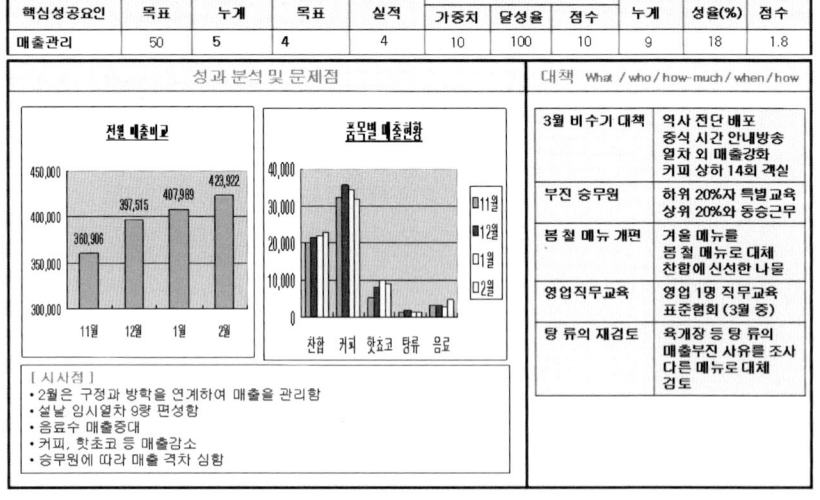

07년 [2]월 [영업]부/팀 BSC 분석 보고서   핵심성공요인 수대로 작성 할 것

핵심성공요인	연간 목표	전월 누계	금월 목표	금월 실적	금월평가			연간 누계	누계 달 성율(%)	누계 점수
					가중치	달성율	점수			
매출관리	50	5	4	4	10	100	10	9	18	1.8

성과 분석 및 문제점 / 대책 What / who / how-much / when / how

[시사성]
• 2월은 구정과 방학을 연계하여 매출을 관리함
• 설날 임시열차 9량 편성함
• 음료수 매출중대
• 커피, 핫초코 등 매출감소
• 승무원에 따라 매출 격차 심함

3월 비수기 대책	역사 전단 배포 중식 시간 안내방송 열차 외 매출강화 커피 상하 14회 객실
부진 승무원	하위 20%자 특별교육 상위 20%와 동승근무
봄철 메뉴 개편	겨울 메뉴를 봄철 메뉴로 대체 찬합에 신선한 나물
영업직무교육	영업 1명 직무교육 표준협회 (3월 중)
탕류의 재검토	육개장 등 탕 류의 매출부진 사유를 조사 다른 메뉴로 대체 검토

는 영업팀의 경우 표지 1매, 분석보고서 8매와 필요한 첨부자료로
구성된다.

1.7. 1인 승무 관리체계 실현

1.7.1. 1인 승무의 가설

앞 장의 현상분석에서 2인 승무가 인건비를 가중시키는 커다란
원인임을 알았다. '현재의 인건비율의 구조를 바꿀 수 없을까?', '1
인 승무를 하면 안 되는가?'라는 의문을 조직의 간부에게 또는 컨
설턴트 스스로에게 던져 본 말이다.

BSC의 구축은 너무도 중요하지만 경우에 따라서 BPR, ERP 구
축, 직무분석, 공정관리, 설비효율제고, 구매의 글로벌소싱, 마케팅
전략 수립 등 개별기업의 중대한 'Weak point'를 함께 해결하면서

[1인 승무의 가설검증 5단계]

가설: 1인 승무는 가능하다?	
가설검증의 단계	검증내용
1단계: 메뉴분석	• 현재의 메뉴분석 • 철저히 조리하는 메뉴는 제외 • 메뉴 수를 감소시킴
2단계: 입출고분석	• 입출고 분석 실시 • 1인 승무시에 어떤 문제가 있는지?
3단계: 판매프로세스 분석	• 판매프로세스 분석 • 1인 승무시 판매에 어떤 문제가 있는지?
4단계: 테스트 마케팅	• 테스트 마케팅 실시 • 2인 승무와 1인 승무를 비교검토
5단계: 가설검증	• 1인 승무로 매출이 유지되는가? • 1인 승무를 확대해도 문제가 없는가?

성과관리를 하지 않으면 안 된다. 그래서 단순히 BSC를 구축하고 사후 관리한다는 것은 한계가 있을 수 있으며 이처럼 다양한 전문가의 자문을 통하여야 소기의 성과를 거둘 수 있는 것이다.

L사의 경우, 승무원 문제를 해결하지 않고 경상이익률을 달성하기는 쉽지 않는 상황이었다. '1인 승무는 가능하다'라는 가설을 만들었다. 그리고 가설을 검증해 보기로 하였다. 가설을 검증하는 단계는 5단계로 계획되었다.

1.7.2. 1인 승무 가설의 검증

가설검증의 5단계 계획에 따라 먼저, 메뉴 분석에 들어갔다. 메뉴분석에서 가장 중요한 요소는 조리하지 않는 메뉴로 구성해야 된다는 것이다. 다음은 메뉴수를 줄여야 한다는 것이다.

[1단계 메뉴분석]

구분	2인 승무시 메뉴	변경된1인 승무 메뉴
메뉴	카레 /우동/짜장 밥 갈비탕/황태진국/ 육개장/비빔밥/찬합 도시락/샌드위치/김밥 라면/녹차/커피	비빔밥/샌드위치/찬합 도시락/족발/카레/커피
계	14개	7개(-7)

분석결과, 전체 메뉴수는 14개이며 이 중 조리하는 메뉴가 7개였다. 1인 승무에는 조리하지 않고 상품의 수가 적어야 물류가 용이하기 때문이다. 변경된 1인 승무 메뉴는 7개로 비교적 조리하지 않는 식품으로 구성하였다.

다음은 2단계로 입출고 분석을 통해 과거 2인 승무 시에는 별다른 문제가 없었지만 1인 승무로 바뀌게 되면 어떤 문제가 있는지를 알아보았다.

[2단계 입출고 분석]

상품인수	상품이동	상품정리	상품판매	판매마감	상품정리	상품이동	상품입고	승무관리
적재방법이 안전해야 판매일보와 수량이 일치해야	상/하차를 도와주어야 안전이동을 도와주어야	정리정돈을 도와주어야 고객이 보기에 청결해야	판매방법을 개선해야	판매품목을 조정해야 잔여 수량이 정확해야	정산오류가 없어야 상품정리를 지원해 주어야	상품하차를 도와주어야 상품이동을 도와주어야	상품입고는 정확히	교육 훈련과 인센티브를 바꾸어야 평가기준 등 매뉴얼 재검토해야

문제해결 : 상품팀 인력보강 2명

그 결과 상품의 상하차를 도와주어야 한다는 결론이 났다. 현재보다 상품팀의 인력을 2명 보강하는 것으로 문제를 해결하기로 하였다.

3단계는 판매프로세스 분석으로 다시 다섯 단계로 나누어 실시되었다. 첫째와 둘째는 고객니즈와 판매품목 단계로 조정된 메뉴가 고객(승객)한테 인정을 받는지? 혹은 저항을 받는지를 검토해 보는 것인데 다행히 별다른 저항이 없었다.

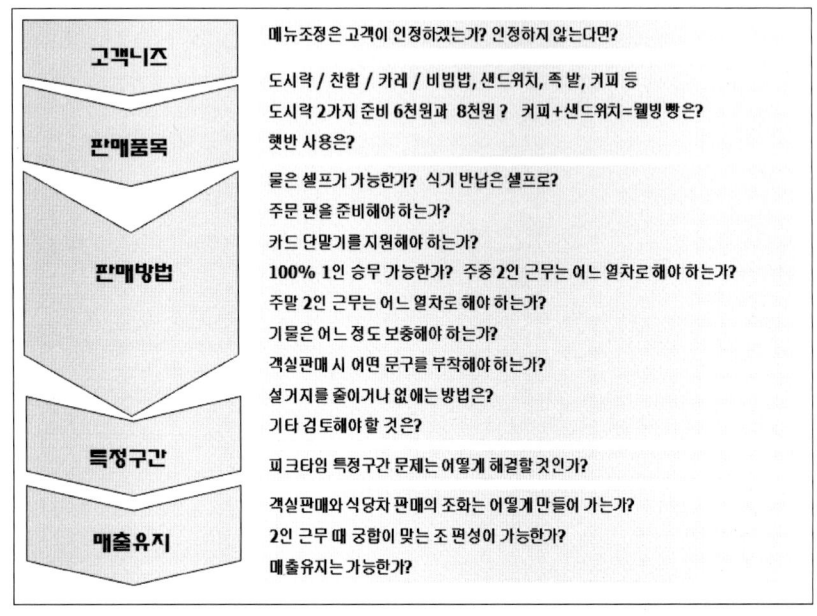

[3단계 판매프로세스 분석]

고객니즈	메뉴조정은 고객이 인정하겠는가? 인정하지 않는다면?
판매품목	도시락 / 찬합 / 카레 / 비빔밥, 샌드위치, 족 발, 커피 등 도시락 2가지 준비 6천원과 8천원 ? 커피+샌드위치=웰빙 빵은? 햇반 사용은?
판매방법	물은 셀프가 가능한가? 식기 반납은 셀프로? 주문 판을 준비해야 하는가? 카드 단말기를 지원해야 하는가? 100% 1인 승무 가능한가? 주중 2인 근무는 어느 열차로 해야 하는가? 주말 2인 근무는 어느 열차로 해야 하는가? 기물은 어느 정도 보충해야 하는가? 객실판매 시 어떤 문구를 부착해야 하는가? 설거지를 줄이거나 없애는 방법은? 기타 검토해야 할 것은?
특정구간	피크타임 특정구간 문제는 어떻게 해결할 것인가?
매출유지	객실판매와 식당차 판매의 조화는 어떻게 만들어 가는가? 2인 근무 때 궁합이 맞는 조 편성이 가능한가? 매출유지는 가능한가?

판매방법에서 주말에 2인 승무가 필요한 열차는? 특정구간에서 피크타임(식사시간대)에 걸치면 등 다각적인 분석을 통하여 주말은 지정도니 열차에 한 해 2인 승무를 실시하고, 피크타임은 영업이나 승무에서 지원해 주는 것으로 하였다.

4단계는 테스트마케팅으로 '변경된 1인 승무 메뉴'를 갖고 실제 테스트 마케팅을 실시하는 것이었다. 경부선을 택하였고 피크타임이 걸치는 시간대를 선택하였다. 서울서 부산까지, 다시 부산에서 서울까지를 왕복하였다. 결과는 대만족이었다. 2인에서 1인으로 바뀌었지만, 매출은 줄지 않고 평소 수준을 유지하였다.

테스트 마케팅은 성공적이었다. 1인 승무로도 2인 승무 때와 같은 매출로 몇 가지 지원업무만 원활하다면 희망을 가져도 좋을 듯 싶었다.

실무편

①열차 식당차로 상품을 운반하는 과정 ②열차 식당차에서 판매를 위한 준비 과정 ③열차 식당차 내부 ④열차 식
당차에서 설거지 하는 모습 ⑤객실에 나가 커피를 파는 모습 ⑥판매를 마치고 정산하는 모습

5단계로 가설을 검증해 보기로 하였다. 5단계는 4단계와 달리
며칠간의 테스트마케팅이 아니라 일정기간을 검토해 보는 것이다.
2인 승무가 실시되었던 9월 1−15일의 매출과 1인 승무로 탑승한
11월 1−15일의 매출을 비교해 보았다. 결과는 대만족이었다. 가
설은 검증된 것이다.

[5단계 가설 검증]

구분	차류	식사	계
9월 1−15일 2인 승무	14,683	152,402,317	152,417,000
11월 1−15일 1인 승무	16,399	186,238,601	186,255,000
증가분	1,686	33,836,284	33,464,000
증가율	11%	22%	22%

메뉴를 줄이고 1인 승무를 해 보니 오히려 매출이 증가된 것이다. 승무원들은 2명이 타면서 일을 서로 미루기도 했었지만 1인 승무로 바뀌면서 책임감이 강해지고 2인의 인센티브를 합산해 주니까 오히려 만족하는 승무원이 늘어 갔다. 우리는 축배를 들었다. 모두가 희망과 기대로 가득 차는 순간이었다.

이제 누구도 반대하는 사람은 없었다. 1인 승무는 기정사실이 되었고 78%(32대) 열차를 1인 승무하는 것으로 계획을 확대하였다. 컨설팅은 대성공을 거두었고 임직원 모두가 컨설턴트에 대한 신뢰와 믿음은 크고 깊었다.

1.8. BSC 구축 후 성과

2008년 1월 8일 L사 전 임직원이 참석한 가운데 2007년 성과보고가 있었다. 모두가 기적에 대하여 놀라고 있었다. CEO는 "부채는 늘고 적자는 깊어지는데 잠을 이룰 수가 없었습니다. 하룻밤에도 몇 번씩 잠에서 깨어 멍하게 어둠을 응시한 적이 한두 번이 아니었습니다. 지난해 우리는 당당히 경상이익 7%를 달성하여 흑자기업이 되었습니다. 여러분 수고하셨습니다."라면서 목이 메는 모습을 보면서 모두가 숙연해졌다. 우리가 흔히 레드오션과 블루오션을 말하지만 가치를 혁신하면 얼마든지 레드오션도 블루오션이 될 수 있음을 보았다.

[L사 최근 4년간 매출 및 손익현황]

그림에서 보는 바와 같이 2006년 상반기 -4%이었던 경상이익
은 2006년 +2%, 2007년 +7%가 된 것이다. 컨설팅 전과 무려
11%를 개선한 것이다.

구분	2004년		2005년		2006년		2007년	
총 매출	2,841,400	100%	3,779,912	100%	4,206,710	100%	5,142,722	100%
매입비	893,248	31%	1,076,091	28%	1,284,811	31%	1,789,292	35%
인건비	988,426	35%	1,221,557	32%	1,300,463	31%	1,316,451	26%
영업료	856,585	30%	965,059	26%	841,602	20%	828,635	16%
손 익	-327,445	-12%	-105,030	-3%	96,230	2%	335,504	7%

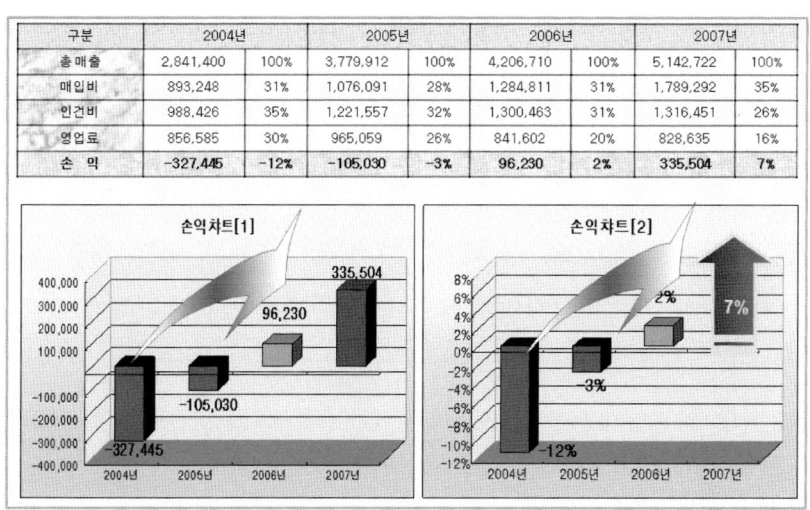

2. 도시가스 서비스업 사례 [A도시가스]

2.1. 산업의 개요

우리나라 국민이 주 에너지원으로 사용하고 있는 천연가스의 최
초 사용 시기는 약 5,000년 전이다. 과거 고대 원시인들은 천연가
스를 '불타는 샘', '영원한 등불' 등으로 불렀고 자연숭배의 대상

또는 종교적인 신앙의 대상으로 신성시했다고 한다. 세계 4대 문명 발상지의 하나인 중국에서는 3,000년 전부터 제염공업에 천연가스를 사용했으며, 그 가스를 죽제관을 통해 수송했다고 한다. 그런가 하면 기원전 200년경에 중국인들이 염정을 깊이 140미터까지 시추했다는 기록도 있다. 또 소련의 바쿠 지방 사원에는 2,500년 전부터 천연가스의 불꽃을 예배할 때나 신자를 화장할 때 사용했다는 기록이 남아 있다고 알려져 있다.

우리나라에 있어서 가스에 대한 인식은 개항 직후 일본으로 파견된 개화파인 수신사와 신사유람단을 통해 전파되었다.

천연가스의 주요성분은 90%가 메탄(CH_4)가스로 되어 있고 공해물질이 적은 장점을 지니고 있어 청정연료로서 각광받고 있는 에너지이다. 이러한 장점 때문에 천연가스는 가정, 영업, 업무, 수송, 열 병합 및 집단에너지, 산업용 등 전 부문에 걸쳐 사용되고 있다. 2005년 말 현재 우리나라의 도시가스 수요 가수는 1,154만 가구에 이르고 있고, 도시가스 소비량은 13,970천 톤으로서 총에너지 대비 7.9%의 점유 구성비를 보이고 있다.

아울러 도시가스사업자들은 최초 도시가스사업 시작 후 지금까지 5조 원을 투자한 결과 배관연장은 지구둘레 4.4배 규모인 177,034km에 이르고 있다. 또한 도시가스업계에서는 2010년까지 중소도시를 비롯한 지역배관망 미설치지역에 대한 계속적인 투자를 계획하고 있는데, 5년간 연평균 4천여억 원, 총 2조 원을 투자하여 6,332km의 배관망을 추가 건설할 계획에 있다.

도시가스의 공급경로는 국내외 가스전으로부터 해상수송을 통해 평택/인천 및 통영기지로 인수되고 이어 고압배관을 통하여 각 지역도시가스로 공급되며 지역도시가스는 공급배관을 통해 가정, 공장, 상업지역 등으로 공급하고 있다.

[도시가스 공급경로]

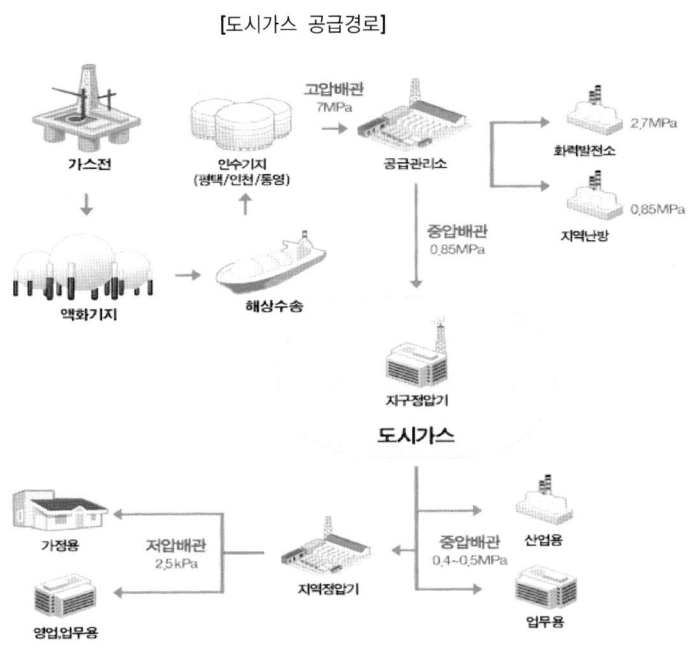

2.2. 사례기업 소개

○○○도시가스는 1995년 지방 자치단체로부터 도시가스 사업에 대한 허가를 받았으며, 사업 초기에는 도시가스(LPG + AIR)를 공급하였으나 이후 천연가스(LNG)로 전환하여 ○○, ○○ 등에 공급하고 있다.

2005년 품질, 환경 및 안전보건에 대한 통합규격인 SEQMS 31001 인증을 받았으며, 최근 산업단지 조성에 따라 매년 30% 이상 초고속 성장을 하고 있는 중견 기업이다.

2.3. 조직

조직은 중장기 전략 및 회사 전산을 총괄하는 기획실과 함께 수요개발을 총괄하는 영업개발팀, 배관공사에 시공관리팀, 공급시설 유지관리를 담당하는 안전공급팀, 고객지원 및 요금관리를 주관하는 고객지원팀 및 경영지원팀으로 구성되어 있으며, 규모는 다르지만 도시가스에서 수행하는 업무는 전국 33개 도시가스가 유사하다고 할 수 있다.

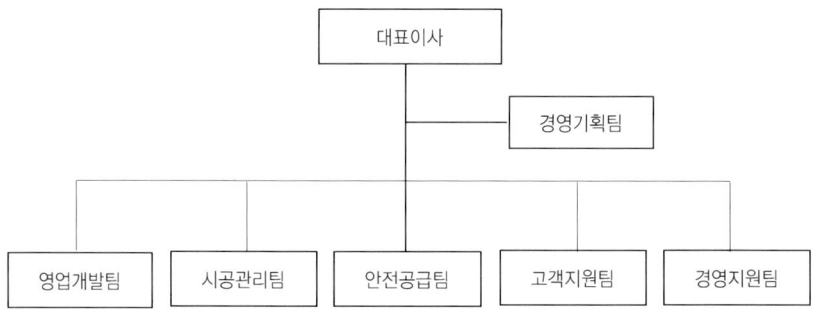

2.4. 도입배경 및 목표

○○도시가스는 통합경영시스템(SEQMS 31001) 도입과 전사적 자원관리(ERP) 및 연봉제를 전 조직원에 적용하고 있으며 특히 통합경영시스템 및 연봉제를 수행하기 위해서는 프로세스에 대한 모

실무편

니터링과 공정한 평가가 없이는 보상이 이루어질 수 없다는 판단 하에 BSC 성과관리시스템을 도입하게 되었다.

2.5. 추진체계 및 일정

전략적 성과관리(BSC) 도입은 통합경영시스템(SEQMS 31001)과 동시에 진행하였으며, 통합경영시스템 컨설팅에 따른 기업의 전반적인 현황 및 체계를 바탕으로 대표이사의 강력한 도입 의지와 함께 추진하게 되었다.

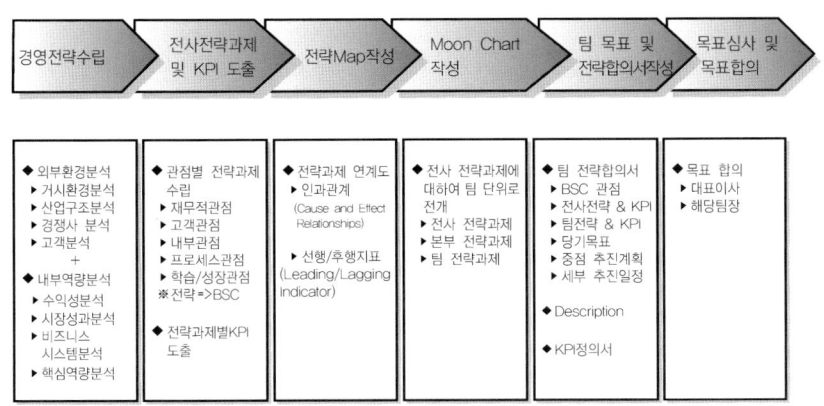

2.6. 가치체계

회사는 인간중시경영, 안전경영, 고객만족경영, 지역사회발전에 공헌하는 기업이라는 경영이념을 바탕으로 2010년까지 ○○억 ㎥ 달성을 경영비전으로 설정하여 조직문화를 바탕으로 성장전략 및 핵심전략을 수립하여 전 조직원과 의사소통하고 있다.

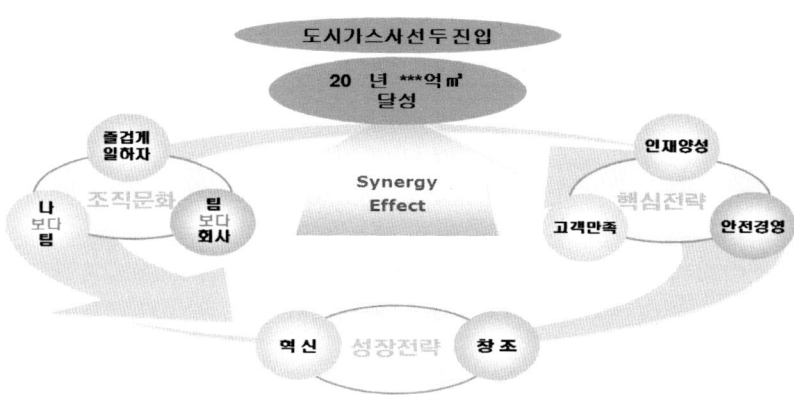

2.7. 진단 및 분석

동사의 현황을 파악하기 위해 SWOT 분석을 하였고, 외부 환경 분석을 위하여 한국경제연구원의 당해 연도 경제성장률, 물가, 시장금리에 대한 자료를 기초로 정치적 환경, 사회문화 환경, 기술적 환경 및 경제적 환경에 대한 분석을 실시하여 기회요인과 위협요인을 파악하였다. 또한 내부역량을 평가하기 위하여 재무, 마케팅, R&D, IT, 조직문화 및 인사조직 분야에 대한 강점과 약점을 파악하여 SO(공격)전략, WO(만회)전략, ST(우회)전략 및 WT(생존)전략을 수립하였다.

외부환경 \ 내부환경		강점(S)	약점(W)
		➤조직의 경량화 ➤의사결정의 신속성 ➤배관의 사용효율이 높음 ➤인적자원이 우수(활동적임) ➤공급시설의 품질(경과년수) 우수 ➤내부 전산시스템의 인프라 구축	➤도시가스시설 인프라 구축 미흡 ➤도시가스 이익율 저하(공급비용 감소) ➤회사에 대한 소비자 포지셔닝 미약 ➤경제성이 미비한 지역에 대한 지속적인 투자가 필요한 상황임 ➤공급수요처의 분산에 따른 관리비용 증가 ➤도시가스외 유사시장에 대한 기술력 미흡
기회 (O)	➤잠재 수요처의 다량 확보 ➤도시가스사용영역 확대 ➤청정연료로 사용확대 ➤에너지시장의 변화 ➤북부지역 개발 활성화	〈SO: 공격전략〉 ➤잠재수요처에 대한 집중홍보를 통한 ➤기존관 주변 수요처에 대한 수요개발 강화(마케팅 강화) ➤도시가스사업에 대한 사업집중화 ➤우수인력의 양성 및 전문화	〈WO: 만회전략〉 ➤공급시설 투자집중화 ➤회사의 대외이미지 개선(CI작업 등) ➤안전관리 강화
위협 (T)	➤매출량 급증에 따른 공급비용 감소 ➤에너지시장의 신·재생에너지 등장 등의 시장변화 ➤가스산업 구조개편 가시화 ➤대용량 수요처의 이탈 ➤매출의 집중(산업용)으로 인해 경기침체시 매출타격	〈ST:우회전략〉 ➤대용량수요처 관리강화(기술, 안전자료의 제공 등) ➤사회적 책임에 대한 기여 ➤수요처관리 강화(소용량, 대용량 등)	〈WT:생존전략〉 ➤대용량 수요처의 매출채권에 대한 보증 방법의 강화 및 다변화(부실화 방지대책) ➤공급권역내 타에너지사업에 재한 대응 전략수립 ➤적정공급비용의 유지

따라서 전사 전략은 SWOT 분석결과 도출된 전략에 대하여 유사전략을 통합하여 최종 전사전략으로 확정하게 되었다.

SWOT 도출	유사전략	전사전략	비고
➤잠재수요처에 대한 집중홍보 ➤기존관 주변 수요처에 대한 수요개발강화(마케팅 강화) ➤도시가스사업에 대한 사업집중화 ➤우수인력의 양성 및 전문화	➤잠재수요처에 대한 집중홍보 ➤대용량수요처 관리 강화 ➤공급권역내 타에너지사업에 대한 방어	➤기존관 주변 수요처에 대한 수요개발 강화(마케팅 강화) ➤회사의 이미지 개선 및 수요처 홍보 ➤도시가스사업에 대한 사업집중화 ➤공급시설 투자집중화 ➤우수인력의 양성 및 전문화 ➤안전관리 강화 ➤수요처 관리강화(소용량, 대용량) ➤사회적 책임에 대한 기여 ➤대용량 수요처의 매출채권 관리강화 ➤적정공급비용의 유지	
➤공급시설 투자집중화 ➤회사의 대외이미지 개선(CI작업 등) ➤안전관리 강화			
➤대용량수요처 관리강화(기술, 안전자료의 제공 등) ➤사회적 책임에 대한 기여 ➤수요처관리 강화(소용량, 대용량 등)			
➤대용량 수요처의 매출채권에 대한 보증 방법의 강화 및 다변화(부실화 방지대책) ➤공급권역내 타에너지사업에 대한 방어 전략 수립 ➤적정공급비용의 유지			

2.8. 전략맵

전사전략은 BSC의 4대 관점에 따른 전략적 인과관계를 고려하여 전략맵으로 확정하였으며 이는 조직구성원들에게 어떻게 조직의 비전과 전략이 그들의 일상 업무에 연계되는지를 이해시키는 것으로 각 조직은 전략목표의 상충관계를 조율하고 자신이 기여하는 바를 명확히 하게 하였다.

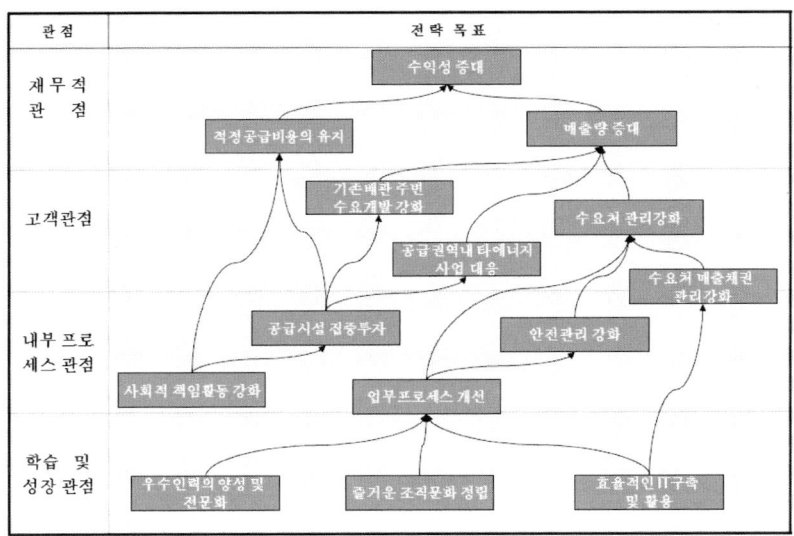

관점	전략 목표

2.9. 전사 전략목표

2.9.1. 전사 전략 및 핵심성과 지표

전사적 전략목표에 대한 성과를 모니터링하기 위하여 23개의 핵심성과 지표(KPI)를 도출하여 전사 차원에서 성과를 모니터링하기로 하였다.

관점	전사 전략목표	핵심 성과지표(KPI)
재무적 관점	수익성 증대	영업이익증가율
		원가절감
	매출량 증대	매출량달성률(%)
	적정공급비용의 유지	공급비용 증감률
고객관점	수요처 관리강화	고객만족도
		불평불만해결건수
	수요처의 매출채권 관리강화	매출채권회수율(%)
	공급권역내 타에너지사업에 대한 대응	검토 보고건수
	기존관 주변 수요처에 대한 수요개발	배관효율성(%)
		수요개발실적달성율(%)
내부프로 세스관점	안전관리 강화	무재해일수
		시설개선건수
		공급중단건수
	사회적 책임활동 강화	사회 활동참여건수
		환경활동건수
	공급시설 집중 투자	공급시설투자달성률
	업무 프로세스 개선	제안건수
		시스템개선율
학습 및 성강관점	우수인력의 양성 및 전문화	교육훈련비증가율
		교육횟수
	효율적인 IT 구축 및 활용	전산입력율
		IT개선건수
	즐거운 조직문화 정립	사원만족도

2.9.2. 지표 산출식 및 목표 정의(Description)

핵심성과 지표에 따른 가중치는 재무관점 40점, 고객관점 25점, 학습 성장관점 20점, 내부프로세스관점 25점으로 지표의 중요도를 고려하여 1～10까지의 가중치를 부여하였다.

또한 등급(S, A, B, C, D) 평가를 위하여 전년도 실적을 B 수준으로 하였으며, 당해 목표는 A 등급으로 목표를 정의하였다.

실무편

관점	핵심성과지표	가증치		전기실적	당기목표	산술식	Description					
							S	A	B	C	D	
재무관점	영업이익증가율 원가절감	10 5	40			영업이익/전년영업이익*100 팀별 평가결과합의 평균	140 S	130 A	120 B	110 C	110↓ D	
	매출량달성률	15				매출량실적/매출량계획*100	105	100	95	90	90↓	
	공급비용증감율	10				평균공급비용/전년평균공급비용*100	100	97	95	93	93↓	
고객관점	고객만족도 불평불만해결건수	6 4	25			만족도 결과점수 불평불만해결건수	80 150	70 100	60 80	50 50	50↓ 50↓	
	매출채권회수율	10				체납액(2개월이상)/월매출액*100	0.4	0.5	0.6	0.7	0.7↑	
	검토보고건수	5				타에너지 분석보고 건수	8	4	3	2	1	
	배관효율성 수요개발실적달성률	1 3				공급량/배관길이 공급실적세대수/계획세대수*100	1600 105	1500 100	1400 95	1300 90	1200 90↓	
학습성장관접	무재해일수 시설개선건수 공급중단건수	2 2 2	20			무재해 달성 누적일수 시설개선건수/지적건수*100 비정상적 공급시설공급중단건수	365 100 0	– 95 –	– 90 –	– 85 –	365↓ 85↓ 1↑	
	사회활동참여건수 환경활동건수	2 1				회사차원 사회활동건수 외부환경행사건수	6 5	4 3	3 2	2 1	1 0	
	공급시설투자달성률	4				배관투자실적/배관투자계획*100	105	100	90	80	80↓	
	제안건수 시스템개선율	1 2				제안 채택건수 개선건수/(내·외부심사부적합건수)*100	12건 90	8건 80	6건 70	4건 60	3건↓ 50	
내부프로세스관점	교육훈련비증가율 교육횟수	3 2	15			교육비/전년도교육비*100 교육횟수/전년도교육횟수*100	115 120	110 110	100 100	90 90	90↓ 90↓	
	전산입력율 IT개선건수	2 3				SIS주요화면의 특정항목 입력율 개선수/개선요청수*40+ 개발수/개발요청수*60	80 90	70 80	60 70	50 60	50↓ 60↓	
	사원만족도	5				사원반족도 격과점수	80	70	60	50	50↓	

2.9.3. Moon Chart

전사전략과제, KPI 및 가중치에 따른 팀별 Moon Chart를 작성하였으며, 지표관리 담당부서를 5, 실행부서를 4, 유관실행부서를 3, 기타 유관부서를 2로 하여 책임한계를 분명히 하였다.

전사 전략과제	전사KPI	가중치	팀 별 Moon Chart						기획 담당
			안전 공급	시공 관리	영업 개발	고객 지원	경영 지원	기획	
수익성 증대	영업이익증가률	10			4	3			5
	원가절감	5	4	4	4	4	4	4	5
매출량 증대	매출량달성률	15		3	4	3			5
적정공급비용의 유지	공급비용 증감률	10			3	3	3		5
수요처 관리강화	고객만족도	6	3		3			3	5
	불평불만해결건수	4	3	2	2	4			5
매출채권 관리강화	매출채권회수율	10			2	4			5
타에너지에 대한 대응	검토 보고건수	5			2	2		4	5
기존관 주변 수요처에 대한 수요개발	배관효율성(%)	1			4				
	수요개발실적율	3		3	4				5
안전관리 강화	무재해일수	2	3	3			3	4	5
	시설개선건수	2	4						5
	공급중단건수	2	4						5
사회적 책임활동 강화	사회활동참여건수	2					4		5
	환경활동건수	1					4		5
공급시설 집중 투자	투자달성률	4		4	4		4		5
업무 프로세스 개선	제안건수	1						4	5
	시스템개선율	2						4	5
우수인력의 양성 및 전 문화	교육훈련비증가율	3						4	5
	교육횟수	2						4	5
효율적인IT 구축 및 활용	전산입력율	2						4	5
	IT개선건수	3						4	5
즐거운 조직문화 정립	사원만족도	5					4		5

* Moon Chart 범례
5: 지표관리부서, 4: 실행부서, 3: 유관실행부서, 2: 유관부서

실무편

2.10. 팀 전략 및 지표정의서

전사 전략과제에 따른 Moon Chart를 기초로 하여 조직 전체에 할당하는 캐스케이딩(Cascading)을 통해 팀 핵심성공 요인 및 팀 KPI를 수립하였다.

이는 '팀 목표 및 전략합의서'라는 제목하에 조직원들의 동의 및 최고경영자의 승인을 통하여 팀 전략으로 확정하였으며, 전사 전략과 동일하게 '지표 산출식 및 목표 정의(Description)서'에 첨부하여 향후 성과평가를 용이하게 하였으며, 핵심성과 지표(KPI)에 따른 지표 정의서를 통하여 해당 지표의 계산식, 세부설명, 지표관리 Process, 측정주기, Data Source 및 전산화를 위한 고려사항을 기술하였다.

2.10.1. 영업개발팀

BSC 관점	전사전략목표	팀 핵심 성공요인	팀 KPI
재무	수익성 증대 매출량 증대 적정공급비용유지	수요개발 목표달성 경비절감 수요개발 목표달성 정확한 수요예측	영업이익증가율 경비절감액 매출량 증가율 수요개발 공급률
고객	수요처 관리강화 수요처 매출채권 관리강화	공급일정 준수 불평불만 최소화 신규 수요처 보증보험 가입유도	공급일정 준수율 민원 발생률 보증보험 가입률
학습	공급권역 내 타 에너지 사업에 대한 대응 기존 배관 주변 수요개발 강화	사전 정보 파악 매출량 증대 수요개발 실적 달성	정보제공 건수 배관 효율성 수요개발 실적 달성률
내부	공급시설 집중 투자	정확한 수요 예측	공급신청 접수 건수

2.10.2. 시공관리팀

BSC 관점	전사전략목표	2006년도 팀 실행과제	팀 KPI
재무	수익성 증대	효율적인 시공관리	설계자재 에러율
	매출량 증대	적기공사 준수	준공일 준수율
고객	수요처 관리강화	민원발생 최소화	공사 민원발생 건수
	기존관 주변 수요처에 대한 수요개발	인허가 적기시행	인허가 지체율
내부 프로세스	안전관리 강화	안전시공 준수	무재해활동건수
	공급시설집중투자	배관투자계획 달성	공급시설투자 달성률

2.10.3. 안전공급팀

BSC 관점	전사전략목표	팀 핵심성공 요인	팀 KPI
재무	수익성 증대	원가절감 건 발굴	발굴 건수
고객	수요처 관리 강화 수요처 매출채권 강화	고객친절 서비스 불평불만민원최소화 체납요금 수납활동 강화	서비스 만족도 민원처리시간 준수율 수납 처리율
내부	안전관리강화	안전교육 철저 가스시설최적화	팀 직무안전교육 횟수 시설 개선율(%)
		안정적 가스공급	공급시설 공급 중단 건수

2.10.4. 고객지원팀

BSC관점	전사전략목표	팀 핵심성공 요인	팀 KPI
재무	수익성 증대	판매량 차이 관리	판매량 차이율
		지로납부수수료최소화	전자지로 납부율
재무	매출량 증대	증설 수요처의 타 연료사용방지	증설 수요처 공급률
재무	적정공급 비용 유지	수요 예측 강화	수요 예측 물량 달성률
고객	수요처 관리강화	최고의 고객만족	고객만족도
		고객 불평불만 최소화	불평불만 해결 건수
		정정고지 최소화	정정 고지율
		검침오류 최소화	검침 오류율
고객	수요처의 매출채권 관리강화	매출채권 회수 강화	매출채권 회수율
고객	공급권역 내 타 에너지 사업 에 대한 대응	타 에너지 사업 정보 파악	타 에너지 사업 정보 파악 건수

2.10.5. 기획팀

BSC관점	전사 전략목표과제	2006년도 팀 실행과제	팀 KPI
재무	수익성 증대	절감활동	원가절감활동 횟수 경비 절감률
고객	수요처 관리강화	고객만족 실현 회사홍보 강화	조사신뢰도 고객만족도 홍보물 배포 부수 홍보 횟수
	공급권역 내 타 에너지 사업에 대한 대응	에너지시장 변화에 대한 모니터링	검토보고 건수
내부	안전관리강화	안전관리강화 및 사고 제로화	무재해 달성 일수 아차사고사례
	업무프로세스개선	업무의 지속적 개선활동 정착	제안건수 제안참여도
		통합경영시스템정착	시스템 개선율
학습	우수인력의 양성 및 전문화	교육훈련 다변화 및 효율성 증대	교육훈련비 증가율
		자체 교육의 활성화	교육 횟수
	효율적인 IT구축 및 활용	전산 업무 활성화 효율적인 IT구축	전산 입력률 전산 개선율

2.10.6. KPI 정의서(사례)

팀 KPI별 정의서

팀명: 시공관리팀

1. 팀 과제명	효율적인 시공관리
2. 지표명	설계자재 에러율
3. 지표 측정 계산식	(파이프 증감률×0.5)+(보호철판 증감률×0.2)+(밸브 증감률×0.2)(피팅류 증감률×0.1) - 주요자재: 파이프, 보호철판, 밸브, 피팅류 - 증감률: (준공수량/설계수량)×100(100% 이상은 증가, 100% 이하는 감소)
4. 지표 세부 설명	* 정확한 설계 작업을 시행하여, 공사완공 후 설계수량과 실소요 수량을 비교하여 중복사용, 사용불가, 미반납자재 등을 파악하고 주요자재에 대한 에러율을 산출, 해당 공사건에 대한 자재비 지출을 최소화하여 수익성 증대에 기여를 하기 위함. * 대상: 연간사업계획에 의해 추진된 공사로 한하며, 공사 중 추가수요개발에 의한 증감수량은 제외함.
5. 지표 관리 Process	공사 준공 후 설계수량과 준공수량을 비교하여 반기별 보고
6. 측정주기	일 / 주 / 월 / 분기 / 반기 / 년
7. Data Source	설계수량산출서 및 준공인정내역서
8. 전산화 고려요소	

2.11. 성과평가

BSC에 대한 성과평가는 분기, 반기 연간 경영실적 보고를 통하여 팀 경영목표 달성 현황, 실행계획 및 추진실적, 문제점 및 건의사항 등의 내용을 작성하여 경영기획 팀장에게 통보한다.

경영기획 팀장은 각 팀에서 접수된 경영실적과 손익계산서 항목별로 관리대상 및 실적 부진 항목 등에 대해 분석하고 대표이사에게 보고하며 대표이사는 반기마다 경영실적 보고회를 개최하여 전사 경영실적 및 계획에 대해 전 직원에게 공표한다.

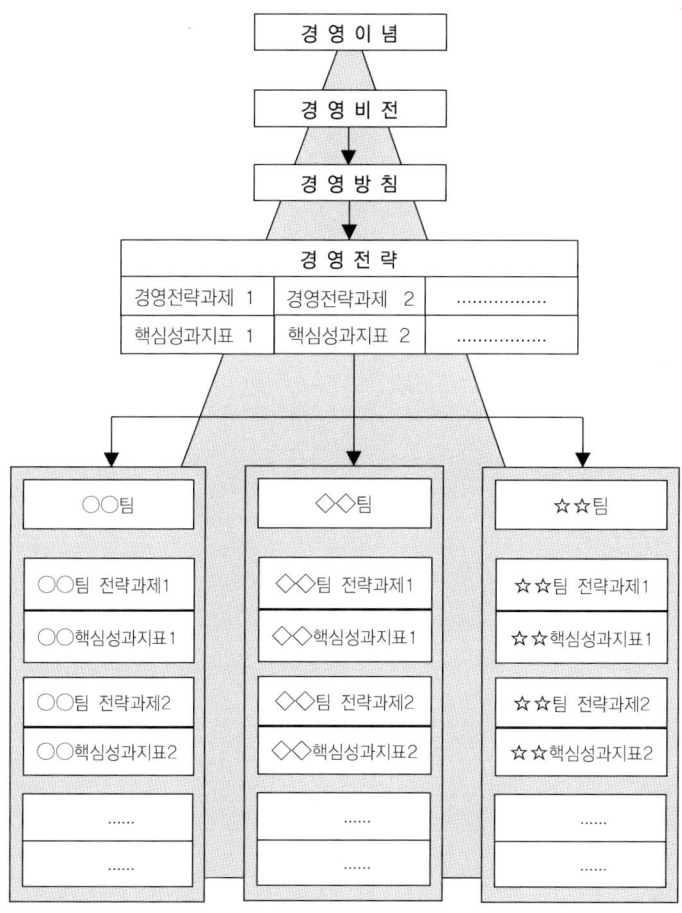

<경영이념, 경영비전, 경영전략 관계표>

3. 방송서비스업 사례 [(주)H사]

3.1. 기업의 개요

(주)H사는 1985년에 설립된 회사로 케이블TV방송, 초고속인터넷, 전화 등을 주 업종으로 영위하며, 전파 영역권을 중심으로 고품격의 전문화된 케이블TV방송 채널을 제공하며 방송통신서비스의 획기적인 향상을 도모하기 위해서 힘쓰고 있다.

2007년 이후 양 방향 디지털 케이블 방송, VOD, 데이터방송 등 방송과 통신이 융합된 최첨단 멀티미디어 서비스를 개시할 예정이다.

동사는 2005년도 매출액 170억 원, 2006년 매출액 190억, 2007년 매출액 210억으로 매년 성장하고 있으며, 2007년도 매출액 당기순 이익률 12% 수익신장을 실현하고 있는 서남해안 거점 방송, 초고속인터넷 사업을 영위하고 있다.

회 사 명	(주)한국케이블TV H사
소 재 지	○○○도 ○○시 ○동 ○○○번지
생산품목	케이블TV방송, 디지털방송, 초고속인터넷, 전화, 방범방제, VOD, VOIP 등
매출목표	190억 원
종업원수	103명
자 본 금	139억 원

실무편

3.2. 조직

 (주)H사의 조직은 경영진과 임직원들이 일치단결하여 사업 초기부터 함께한 임직원이 많으며 장기 근속자가 많은 것이 특징이다. 2006년도에는 지역경쟁업체인 S사를 인수하여 과도한 경쟁구도와 중복투자를 구조 조정하여 경영환경 개선에 대비한 조직쇄신을 단행하였다. 한편, 광범위한 서비스 영역과 초기투자비용이 큰 사업의 특성상 채산성에 부담이 되고 있으며, IPTV 실용화 등 대외적인 환경 또한 어려운 상황에서 학습조직을 구축하여 경쟁력 향상에 대처해 오고 있다.

 마케팅 부서를 중심으로 고객만족도를 높이고, 클레임을 최소화하기 위한 거래처 관리를 잘하고 있으며, 새로운 시장개척을 위하

조직도

여 임직원들에게 동기부여 차원의 인센티브제를 운영하고 영업망 확충에 최선을 다하고 있다.

또한, 설비시설 확충과 디지털 TV방송에 대비하여 전문 인력 양성과 경쟁력을 배가하기 위하여 임직원들이 일사불란하게 움직이고 있는 조직구성원으로 이루어져 있다.

3.3. 도입배경 및 목표

3.3.1. 도입배경

한국 케이블TV산업은 2000년 '통합방송법' 개정으로 방송 산업을 둘러싼 다양한 규제상황이 완화됨에 따라 과점적 시장구조에서 완전 경쟁적 시장구조로 변화하고 있다. 특히, 2001년 3월 케이블TV산업 내 사업의 인·허가와 관련한 정책적 환경이 기존의 허가제에서 등록제로 변화함에 따라 산업화가 급속도로 진전되고 있으며, 프로그램 공급사업자(Program Provider) 간에 본격적인 경쟁구도가 펼쳐지고 있는 실정이다. 물론, 케이블TV산업은 여전히 부분적으로 특정 채널 장르인 보도와 홈쇼핑에 있어서 정부의 허가를 받아야 하는 등 완전한 경쟁시장의 모습을 갖추기에는 시장에서 거래되는 재화와 자원, 산업구조 등에 있어 정부의 정책으로 인한 산업구조형성이라는 태생적 한계가 존재한다. 그러나 현재 케이블TV산업은 산업 내 동일 기업의 소유나 사업운영과 관련해 겸영 및 지분소유, 외국인 지분소유 등이 제한적이기는 하나 점차 완화되고 있으며, 향후 방송시장의 개방 및 통신 방송 융합 시대를 맞아 산업의 규제는 더욱더 완화되리라는 것이 지배적인 인식이다. 특히, 최근 들어 CATV, 위성방송, 비디오, 인터넷방송, 문자방송, 전자신문 등과 같은 인쇄매체와 방송매체 그리고 컴퓨터의 융합 등 다양한 매체의 등장으로 인해 새로운 미디어의 디지털 환경이 연출되고 있으며 이런 환경은 매체 간의 경계를 모호하게 함으로써 방송의 개념 설정을 어렵게 할 뿐 아니라 IPTV, 디지털방송 등 대외적 환경이 급격하게 변하여 환경변화에 능동적으로 대처하지 않으면 안 되는 상황에 직면해 있다.

3.3.2. 도입목적

H사는 H방송과 S방송의 합병에 따른 기업 문화 혁신 및 업무시스템의 통일이 이루어져야 원활한 업무와 커뮤니케이션이 활성화될 것으로 판단하였으며, 업무실행시스템의 분류로 인한 업무 퀄리티와 스피드의 획기적 증대를 통한 생산성 향상과 성과관리형 조직으로 대변신함으로써 급변하는 대내외 환경에 능동적으로 대처하고 전문 인력양성에 도움이 될 수 있고 앞서가는 선도형 CATV사로서의 이미지 제고를 위하여 성과관리시스템을 도입하게 되었다.

3.4. 추진체계 및 일정

1) 구성원들의 자발적인 참여를 유도하기 위하여 TFT를 구성하여 최고경영자의 협력 아래 혁신담당부서가 컨설턴트의 자문을 받아 추진하기로 하였다.

2) 세부추진 일정 계획

추진목표 및 내용		M				M+1				M+2				M+3				M+4			
		1	2	3	4	1	2	3	4	1	2	3	4	1	2	3	4	1	2	3	4
제1단계 경영종합진단 및 Strategy Map 작성	1.1. 경영종합진단 및 SWOT분석		■																			
	1.2. VISION, 핵심성공 요인 및 전략목표 개발			■																		
	1.3. 경영종합진단 및 Sstrategy Map 보고서 작성				■																	
제2단계 가치체계 전략 수립	2.1. 회사 VISION, MISSION설정					■																
	2.2. 중장기 경영전략 수립						■															
	2.3. 연도경영전략 수립							■														
	2.4. 부서별, 개인별 업무실행계획 수립								■													
제3단계 핵심성과 지표 개발	3.1. 전략목표 수립, 전략맵 작성									■												
	3.2. 현 성과지표 및 보상 조사										■											
	3.3. 전사 성과지표 개발											■										
	3.4. 팀별 성과지표 정리												■									
	3.5. Moon Chart 작성														■							
제4단계 평가, 보상체계	4.1. 내부평가방안 설계															■						
	4.2. 성과와 보상 연계방안 설계																■					
	4.3. BSC 시스템설계																	■				
	4.4. 시범운영 및 교육																		■			
제5단계 관리체계이행 로드맵 수립	5.1. 평가 및 보상체계수립																			■		
	5.2. 본격 시행로드맵 수립																				■	
	5.3. IT시스템 연계방안검토																					■
최종보고서 작성																						

3.5. 진단 및 분석

H사의 현황을 파악하기 위해서 경영종합진단을 실시하였는데, 항목은 기업환경 적응력, 직원사기지수, 재무자금 상황, 경영 6대 핵심 분야로 나누어 실시하였으며, 경영종합 진단결과 부분별 차트를 작성하여 경영의 강·약점 개별요소 분석을 실시하였으며, 요소별로 평점을 주어 순위를 결정하여 강점강화요인 및 약점 보강 요인에 필수 요소를 산출하여, SWOT분석을 다음과 같이 정리하였다.

SWOT분석

외부환경 \ 내부환경		강점(S) · 정보의 공유화 · 회사 시장점유율 상승도 · 판매목표달성 · 클레임 예방노력 · 고객에 대한 서비스의 질 · 종업원 정보기술 수준 · 동료적극 교제	약점(W) · 상품결함 수시공표 여부 · 사기저하 예방노력 · 정보유출 보완대책 · 제품 경쟁력 · 변화대응형 기업여부 · 급여만족도 · 복리후생만족도
기회 (O)	· 자금운용 투명성 · 서비스품질 양호성 · 자금관리시스템 체계화 · 재고관리, 장비개선 보수 · 경영이념, 비전명확 · 서비스 솔루션 확보	❖ SO 전략 (경쟁우위 확보) 1. 매출/수익의 극대화 2. 기존고객 만족도/협력관계 향상 3. 경쟁력 있는 기술력과 품질로 경쟁우위 확보 4. 재무건전화로 경쟁력확보	❖ WO 전략 (제약극복) 1. 성과시스템 구축하여 직원동기 부여 2. 사업다각화로 수익구조 변경 3. 고객감동으로 신규가입자 확보 4. 중복이용률 제고 5. 조직문화관리
위협 (T)	· 책임 권한 연계성 · 코스트다운 공감대 형성 · 노무관리 효율화 · 정보화 대외 경쟁력 · 이익잉여금 유보율 · 고객니즈 상품컨셉 결정	❖ ST 전략 (대비책 마련) 1. 지역채널시스템화 2. 방송시스템 경영 3. 경영관리 시스템화 4. 정예인력 양성	❖ WT 전략 (위험최소화) 1. 전문인력 양성을 위한 OJT강화 2. 노사간의 적극적인 커뮤니케이션활동 3. 중장기 비전 수립 4. 학습분위기 조성

3.6. 가치체계

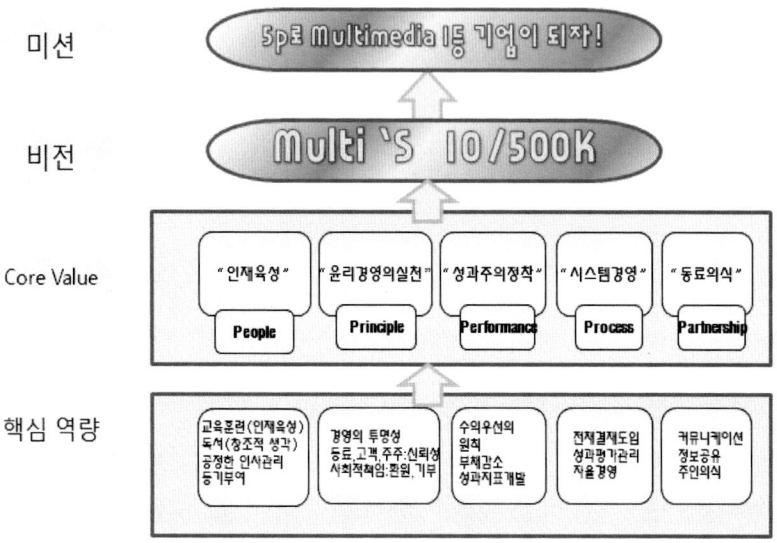

미션   5p로 Multimedia 1등 기업이 되자!

비전   Multi 'S 10/500K

Core Value

"인재육성"	"윤리경영의실천"	"성과주의정착"	"시스템경영"	"동료의식"
People	Principle	Performance	Process	Partnership

핵심 역량

교육훈련(인재육성) 독서(창조적 생각) 공정한 인사관리 동기부여	경영의 투명성 동료,고객,주주:신뢰성 사회적책임:환원,기부	수익우선의 원칙 부채감소 성과지표개발	전제결제도입 성과평가관리 자율경영	커뮤니케이션 정보공유 주인의식

3.7. 전략목표와 핵심성공 요인

관 점	전략목표	핵심성공 요인(CSF)
재 무	매출/수익 극대화	매출극대화
		수익극대화
	재무건전화	차입비율 감축
		부가가치 극대화
고 객	고객개발	잠재고객 발굴
		영업력 강화
	고객유지	고객감동경영
	고객증대	중복 이용률 제고
내부 프로세스	방송시스템경영	지역채널 시스템화
		방송통신 시스템안정화
		방송통신 네트워크 안정화
	경영관리 시스템화	전략계획 시스템화
		실행관리 시스템화
		성과관리 시스템화
학습과 성장	조직문화	조직활성화
	정예인력양성	인력 최정예화
		지식 경영
		독서 교육

실무편

3.8. 전략맵

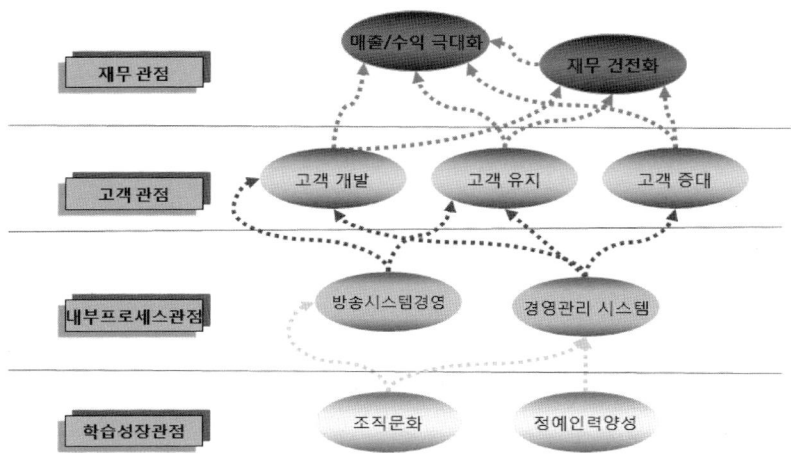

3.9. 핵심 성과지표

핵심 성과지표는 조직의 전략목표와 핵심성공 요인의 성공 여부를 측정하는 척도로서 성과를 측정할 수 있도록 조직이 관리하여야 할 대상에 대한 측정과 평가의 기준을 제공해 준다.

3.9.1. 핵심 성과지표의 선정

전략목표와 핵심성공 요인에 따른 핵심성과 지표는 BSC의 4가지 관점에 따라 다음과 같이 설정하였다.

관점	전략목표	핵심 성공요인(CSF)	핵심성과 지표(KPI)
재무	매출/수익 극대화	매출 극대화	매출 목표 달성률
		수익 극대화	영업이익 목표 달성률
			미수채권 회수율
			당기순이익 목표 달성률
	재무 건전화	차입 비율 감축	부채비율증감률
		부가가치 극대화	노동생산성(1인당 부가가치)
고객	고객 개발	잠재 고객 발굴	DB관리 잠재고객 증가율
		영업력 강화	신규고객 증대 목표 달성률
	고객 유지	고객 감동 경영	고객 불만사항 감축 목표 달성률
			고객만족도 점수
	고객 증대	중복 이용률 제고	번들 상품 이용 증가율
내부 프로세스	방송시스템 경영	지역 채널 시스템화	프로그램 제작 목표 달성률
		방송 통신 시스템 안정화	무장애율
		방송통신 네트워크 안정화	전송망 품질 안정률
	경영 관리 시스템	전략계획 시스템화	중장기, 연도 전략계획 체계화율
			부서전략계획 체계화율
			개인 업무실행 계획수립 달성률
		실행관리 시스템화	주간계획, 실적 달성률
			지시업무이행률
		성과 관리 시스템화	성과평가 점수 증감률
학습과 성장	조직 문화	조직 활성화	자가 업무 Speed&Quality 향상률
			부서 간 업무협조 노력
	정예인력양성	인력 최정예화	직원교육 목표 달성률
		지식 경영	지식경영참여목표 달성률
			제안 채택률
			제안 건수
		독서 교육	독서 제출이행목표 달성률

3.9.2. 핵심 성과지표의 가중치와 측정주기

전략목표에 따른 핵심 성공요인을 검토하여, 전사적인 핵심 성과 지표를 위와 같이 확정하고, 이에 대한 가중치와 측정주기를 다음 표와 같이 확정하고, 확정한 성과지표를 팀별로 할당(cascading)하였다.

3.9.3. 전사적 핵심 성과지표

관점	핵심성과 지표(KPI)	산식	중요도	난이도	가중치	측정주기
재무 (30)	매출 목표 달성률	(매출 달성액/당해 연도 매출목표)×100	4	3	5	월간
	영업이익 증가율	(영업이익/전년도영업이익)×100	5	3	6	월간
	미수채권 회수율	(체납액(3개월 이상)/실매출액)×100	5	5	8	분기
	당기순이익 목표 달성률	(당기순이익 달성액/당기순이익 목표액)×100	5	3	4	반기
	부채비율 증감률	((당년도 부채액 − 전년도 부채액)/전년도 부채액)×100	3	3	3	분기
	노동생산성(1인당 부가가치)액	(부가가치액/총인원)×100	3	4	4	반기
고객 (25)	DB관리 잠재고객 증가율	(DB관리 고객실적/DB관리 고객목표)×100	4	4	6	반기
	신규고객 증대 목표 달성률	(신규고객 가입실적/신규고객 가입목표)×100	4	4	6	월간
	고객클레임 감축목표 달성률	(고객클레임 감축실적/고객클레임 감축목표)×100	4	3	5	월간
	고객만족도 향상률	((당년도 고객만족도 점수 − 전년도 고객만족도 점수)/전년도 고객만족도 점수)×100	3	3	3	연간
	번들상품 이용증가율	(번들상품 이용고객/번들상품이용고객 증가 목표)×100	3	4	4	월간
내부 프로 세스 (25)	프로그램제작 목표 달성률	(프로그램 제작수/프로그램 제작목표)×100	3	2	1	반기
	지적사항 개선율	(지적사항 기간 내 처리 및 보완 건수/지적사항 건수)×100	4	3	4	반기
	전송망 사고발생최소화율	(전송망 사고발생 건수/전송망발생예상 건수)×100	4	3	3	분기
	중장기. 연도 전략계획 체계화율	비계량 평가	4	4	4	연간
	부서전략계획 체계화율	비계량 평가	4	4	3	반기
	개인 업무실행 계획수립 달성률	(개인업무실행달성률/개인업무실행가중치)×100	5	3	4	월간
	주간계획 달성률	(주간업무 달성률/주간업무 가중치)×100	4	3	3	주간
	지시업무이행률	(기한 내 처리 건수/지시 업무 건수)×100	4	3	2	수시
	성과평가 점수 증감률	(당년도 업무성과평가점수/전년도 업무성과평가점수)×100	3	2	1	월간
학습 과 성장 (20)	자가 업무 Speed & Quality 향상률	(업무 Speed& Quality 평가점수/업무 Speed & Quality 목표점수)×100	3	3	3	수시
	부서 간 업무협조도	부서 간 업무만족도 조사 점수 적용	2	3	3	월간
	직원교육 목표 달성률	(총교육훈련비/총매출액)×100	4	4	5	반기
	지식경영참여목표 달성률	(기한 내 지식경영참여 건수/기한 내 지식경영 지시 건수)×100	3	3	2	수시
	제안 채택률	(채택 건수/제안 건수)×100	3	4.	2	수시
	제안목표 달성률	(제안 실적/제안 목표)×100	3	3	2	수시
	독서 제출이행목표 달성률	(독서제출이행실적/독서제출이행목표)×100	3	4	3	수시

전사적인 핵심성과 지표에 대한 산식을 구성하고 이에 대한 가중치, 측정주기를 다음과 같이 확정하였다.

3.9.4. 부서별 성과지표

전략기획부

관점	전략목표	핵심성공 요인	핵심성과 지표
재무	재무 건전화	부가가치 극대화	노동생산액
고객	고객개발	영업력 강화	신규고객증대 목표 달성률
프로세스	경영관리시스템화	전략계획시스템	중장기, 연도전략계획 체계화율
			부서전략계획 체계화율
			개인 업무실행 계획수립 달성률
		실행관리 시스템	주간계획 달성률
			지시업무이행률
		성과관리 시스템	성과평가점수 증감률
학습과 성장	조직문화관리	조직활성화	자가 업무 Speed & Quality 향상률
			부서 간 업무협조도
	정예인력양성	인력 최정예화	직원교육목표 달성률
		지식 경영	지식경영참여목표 달성률
			제안채택률
			제안목표 달성률
		독서교육	독서제출이행목표 달성률

경영관리부

관점	전략목표	핵심성공 요인	핵심성과 지표
재무	매출/수익극대화	수익극대화	당기순이익 목표 달성률
	재무 건전화	차입비율 감축	부채비율 증감률
고객	고객개발	영업력강화	신규고객증대 목표 달성률
	고객유지	고객감동 경영	고객만족도 점수 향상률
프로세스	경영관리시스템	전략계획시스템	중장기, 연도전략계획 체계화율
			부서전략계획 체계화율
			개인 업무실행 계획수립 달성률
		실행관리 시스템	주간계획 달성률
			지시업무 이행률
		성과관리 시스템	성과평가점수 증감률
학습과 성장	조직문화관리	조직활성화	자가 업무 Speed & Quality 향상률
	정예인력양성	인력 최정예화	직원교육목표 달성률
		지식 경영	지식경영참여목표 달성률
			제안 채택률
			제안목표 달성률
		독서교육	독서제출이행목표 달성률

마케팅부

관점	전략목표	핵심성공 요인	핵심성과 지표
재무	매출/수익극대화	매출 극대화	매출목표 달성률
		수익극대화	영업이익 목표 달성률
	재무 건전화	부가가치 극대화	노동생산성(1인당 부가가치)액
고객	고객개발	잠재 고객 발굴	DB관리 잠재고객 증가율
		영업력 강화	신규고객증대목표 달성률
	고객유지	고객감동 경영	고객만족도 점수 향상률
	고객증대	중복이용률 제고	기존고객 중복 이용률
프로세스	경영관리시스템화	전략계획시스템	중장기, 연도전략계획 체계화율
			부서전략계획 체계화율
			개인 업무실행 계획수립 달성률
		실행관리 시스템	주간계획 달성률
			지시업무 이행률
		성과관리 시스템	성과평가점수 증감률
학습과 성장	조직문화관리	조직활성화	자가 업무 Speed & Quality 향상률
	정예인력양성	인력 최정예화	직원교육목표 달성률
		지식 경영	지식경영참여목표 달성률
			제안 채택률
			제안목표 달성률
		독서교육	독서제출이행목표 달성률

기술지원부

관점	전략목표	핵심성공 요인	핵심성과 지표
재무	재무 건전화	부가가치 극대화	노동생산액
고객	고객개발	영업력 강화	신규고객증대목표 달성률
	고객유지	고객감동 경영	A/S 발생처리율
			고객만족도 점수 향상률
	고객증대	중복이용률 제고	기존고객 중복 이용률
프로세스	방송시스템경영	방송통신시스템안정화	방송시스템 고도화 목표 달성률
		방송통신네트워크 안정화	전송망 품질 안정률
	경영관리시스템화	전략계획시스템	중장기, 연도전략계획 체계화율
			부서전략계획 체계화율
			개인 업무실행 계획수립 달성률
		실행관리 시스템	주간계획 달성률
			지시업무 이행률
		성과관리 시스템	성과평가점수 증감률
학습과 성장	조직문화관리	조직활성화	자가 업무 Speed & Quality 향상률
	정예인력양성	인력 최정예화	직원교육목표 달성률
		지식 경영	지식경영참여목표 달성률
			제안 채택률
			제안목표 달성률
		독서교육	독서제출이행목표 달성률

보도제작부

관점	전략목표	핵심성공 요인	핵심성과 지표
재무	재무 건전화	부가가치 극대화	노동생산액
고객	고객개발	영업력 강화	신규고객 증대목표 달성률
	고객유지	고객감동 경영	고객만족도 점수
프로세스	방송시스템경영	지역채널시스템화	지역채널 시스템화 목표 달성률
		방송통신시스템 안정화	방송시스템 고도화 목표 달성률
	경영관리시스템화	전략계획시스템화	중장기, 연도전략계획 체계화율
			부서전략계획 체계화율
			개인 업무실행 계획수립 달성률
		실행관리 시스템화	주간계획 달성률
			지시업무 이행률
		성과관리 시스템화	성과평가점수 증감률
학습과 성장	조직문화관리	조직활성화	자가 업무 Speed & Quality 향상률
	정예인력양성	인력 최정예화	직원교육목표 달성률
		지식 경영	지식경영참여목표 달성률
			제안 채택률
			제안목표 달성률
		독서교육	독서제출이행목표 달성률

3.10. Moon Chart

관점	핵심성과 지표 (KPI)	가중치	부 서 별				
			전략기획부	경영관리부	마케팅부	기술지원부	보도제작부
재무관점 (30)	매출목표 달성률	5	–	–	4	–	–
	영업이익 목표 달성률	6	–	–	5	–	–
	미수채권 회수율	8	–	5		–	–
	당기순이익 목표 달성률	4	–	5	–	–	–
	부채비율 증감률	3	–	3	–	–	–
	노동생산액(1인당 부가가치)	4	3	–	3	3	3
고객관점 (25)	DB관리 잠재고객 증감률	6	–	–	4	–	–
	신규고객 증대 목표 달성률	6	4	4	4	4	4
	고객 불만사항 감축목표 달성률	6	–	–	5	–	–
	고객만족도 점수	4	–	3	3	3	3
	번들상품 이용 증감률	4	–	–	5		
내부프로세스 관점 (25)	프로그램 제작 목표 달성률	1	–	–	–	–	5
	무장애율	4	–	–	–	5	–
	전송망 품질 안정률	3	–	–	–	4	
	중장기, 연도 전략계획 체계화율	4	4	4	4	4	4
	부서전략계획 체계화율	3	4	4	4	4	4
	개인 업무실행 계획수립 달성률	4	5	5	5	5	5
	주간계획: 실적 달성률	3	4	4	4	4	4
	지시 업무 이행률	2	4	4	4	4	4
	성과평가 점수 증감률	1	3	3	3	3	3
학습과 성장관점 (20)	자가 업무 Speed & Quality 향상률	3	3	3	3	3	3
	부서 간 업무협조 노력도	3	2	–	–	–	–
	직원교육목표 달성률	5	4	4	4	4	4
	지식경영참여목표 달성률	3	3	3	3	3	3
	제안 체택률	4	3	3	3	3	3
	제안 건수	3	3	3	3	3	3
	독서제출이행목표 달성률	4	3	3	3	3	3

(5: 지표관리부서, 4: 실행부서, 3: 유관실행부서, 2: 유관부서)

3.11. 성과평가

3.11.1. 성과평가 전략

(1) 회사의 경영목표와 연계된 부서별 수행목표의 설정
 - 전략목표 달성을 위한 핵심성공 요인 개발
 - 핵심성공 요인 뒷받침을 위한 부서, 팀별, 개인별
 - 핵심성과 지표의 적정배분
(2) 성과측정 및 평가기준 설정
 - 회사 전체 핵심성과 지표 개발 활용
 - 성과평가와 인사고과(근무평정, 다면평가) 가중치 설정
 - 핵심성과 지표에 대한 실적치 등록 및 평가점수 계산
(3) 책임경영 및 경영혁신
 - 성과 중심의 경영실현
 - 전 임직원의 연대의식 강화
 - BSC성과분석을 통한 경영혁신 추구
(4) 평가정보 공개 및 활용
부서 및 개인별 성과공개로 성과문화 정착
 - 평가정보를 승진, 승급 자료로 활용
 - 연봉제, 성과급제의 성과 자료로도 활용

3.11.2. BSC평가의 적용

 - 회사 목적 달성을 위한 VISION 및 MISSION의 명확화

실무편

- 중장기 및 단기목표 달성을 위한 핵심성공 요인 설정
- 회사 설립목적 실현을 위한 중장기 및 단기 핵심목표 설정
- 핵심성공 요인 뒷받침을 위한 균형성과 관점 설정
- 균형성과 관점별 핵심전략 개발
- 핵심 전략별 목표 설정
- 관점목표에 부합한 전사적 성과지표 개발
- 전사적 성과지표의 부서, 팀별, 개인별 배분 설정

3.11.3. 조직단위의 성과평가

회사의 전략목표 개발 시 균형성과 관리(BSC)의 4가지 관점을 적용하여 전략목표의 설정은 핵심전략과 연계하여 설정하되, 매년 단위로 조정하여 설정하며 성과 주기별로 회사의 전략목표를 변경한다.

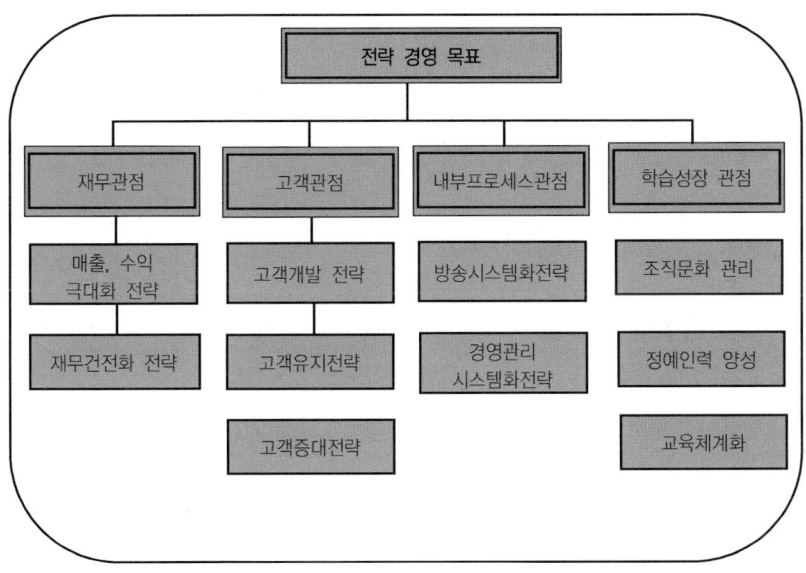

3.11.4. 부서, 팀 평가

■ 부서, 팀 목표설정
  - 부서, 팀 조직은 회사 내부 규정에 의함
  - 부서, 팀 목표는 부서, 팀 소속 직원들의 목표의 합으로 설정
■ 부서, 팀원 목표 설정
  - 부서장, 팀장이 부서, 팀 목표와 개인의 직무조사표를 참조하여 개인별 배분
  - 핵심 업무를 계량, 비계량 목표 포함하여 부서, 팀원과 협의하여 결정

3.11.5. 개인 성과평가

■ 계량 성격 지표
  - 회사의 전략목표를 부서의 권한과 책임에 근거하여 해당 부서, 팀에 목표치와 함께 설정하고 배분
  - 각 부서로 배분된 전략 목표는 부서, 팀의 평가 항목으로 설정
  - 계량목표에 대한 배분 방침의 결정
   *사업부서: 60 - 70%
   *지원부서: 30 - 40%
  - 부서의 계량목표 중 부서, 팀 자체의 목표로 설정한 것을 제외한 계량목표를 부서원의 목표로 배정
  - 부서의 직무에 따라 부서원의 계량목표를 부서장이 설정하고 부서원과 협의하여 목표량 부여

■ 비계량 성격 지표

- 회사의 비계량 전략목표도 계량목표와 같이 부서의 권한과 책임에 근거하여 해당 부서에 배분
- 각 부서에 배분된 비계량 목표를 부서의 평가 항목으로 설정
- 비계량 목표에 대한 배분 방침의 결정

  *사업부서: 30 – 40%

  *지원부서: 60 – 70%

- 부서의 비계량목표를 달성하기 위한 전부 또는 일부의 세부 직무 활동을 해당 부서원에게 부여

3.12. 평가와 보상

3.12.1. 평가방법

평가방법은 다음과 같이 정하였다.

고과자

고과대상자	제1차 고과자	제2차 고과자
팀장	상무이사	대표이사
차장	부서장	상무이사
과장	부서장	이사
대리	팀장	이사
사원급 이하	팀장	이사

인사고과 등급표

구분		S급	A급	B급	C급	D급
의미		탁월	우수	보통	미흡	불량
		도전목표	달성가능 목표	회사목표	수준목표	수준 이하 목표
지표별 유형	당해 연도 목표가 설정된 경우	120% 이상	110% 이상	100% 이상	80% 이상	80% 미만
	실적기준에 의한 경우	전년도대비 20% 상승	전년도대비 10% 상승	전년도 수준	전년도대비 90% 수준	그 미만 수준
	순위평가에 의한 경우	상위 10%	상위 11%~25%	상위 26%~60%	상위 61%~90%	하위 10%
환산점수		90~100	80~89	70~79	60~69	59 이하(없을 때는 C급으로)

3.12.2. 평가절차

1) 평가원칙

- 성과평가, 근무평점 및 다면평가를 종합적으로 평가

- 평가업무 집중도 분산을 위하여 분산평가 실시

2) 성과평가는 매년 6월 말, 12월 말 기준으로 연 2회 실시한다.

3) 피고과자가 인사고과표의 자기신고서에 본인의 실적을 체크한다.

4) 제1고과자가 피고과자를 평가한다.

5) 제2고과자가 피고과자를 평가한다.

6) 전략기획부서장이 종합하여 대표이사에게 보고한 후 인사 및 급여에 반영한다.

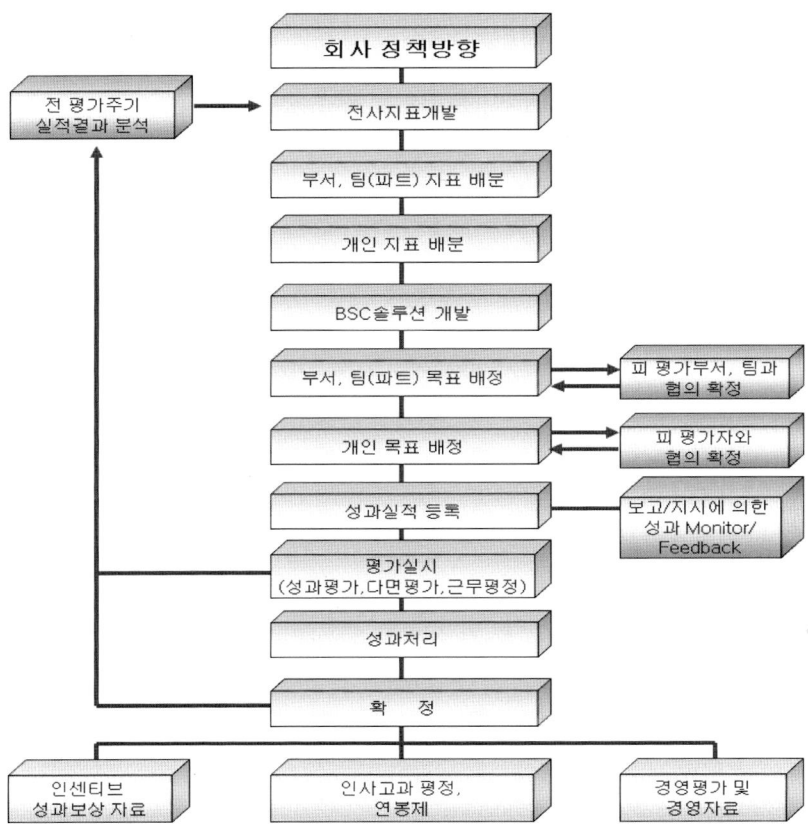

3.12.3. 보상평가 비율표

평가반영 비율표

구분		실적평가			역량평가		태도평가
		전사실적	팀 실적	개인 실적	근무평정	다면평가	근무태도
부서장	가중치	60%			40%		가감점
		10	70	20	60	40	
팀장	가중치	60%			40%		가감점
		10	70	20	60	40	
팀원	가중치	60%			40%		가감점
		20	20	60	70	30	

3.12.4. 보상범위

1) H사의 보상은 연도 말이 끝난 후, 매출액과 순이익률의 목표 달성 여부를 체크한다.
2) 매출액과 순이익률의 목표치를 달성하면 초과 이익률의 20%를 계산한다.
3) 초과 이익률의 20%를 상반기 인사고과 결과에 다라 인사고과 등급별로는 S급은 3, A급은 2, B급은 1의 비율로, 직급별로는 부서장급은 2.0, 팀장급은1.5, 팀원급은 1.0의 비율로 해당자에게 차등지급한다.

제 4 장

전략맵(Strategy map) 사례

제4장

:: 전략맵(Strategy map) 사례

1. 전사 전략맵

1.1. 제조업 전략맵 사례 A

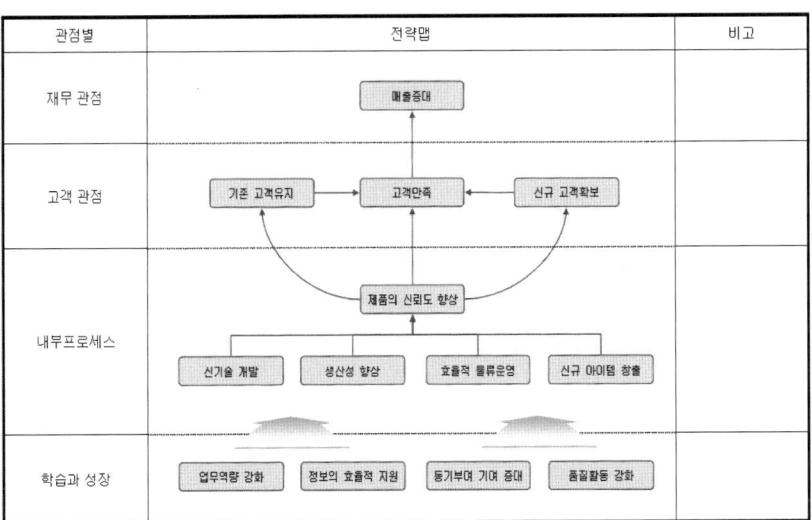

관점별	전략맵	비고
재무 관점	매출증대	
고객 관점	기존 고객유지 고객만족 신규 고객확보	
내부프로세스	제품의 신뢰도 향상 신기술 개발 생산성 향상 효율적 물류운영 신규 아이템 창출	
학습과 성장	업무역량 강화 정보의 효율적 지원 동기부여 기여 증대 품질활동 강화	

1.2. 제조업 전략맵 사례 B

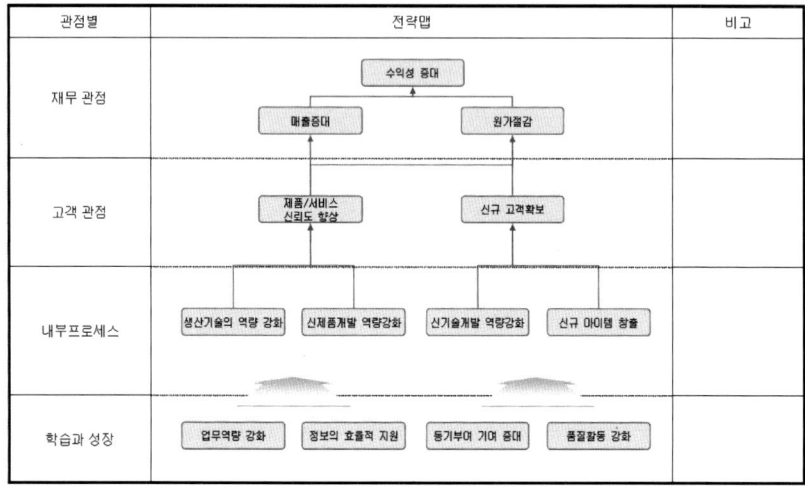

1.3. 제조업 전략맵 사례 C

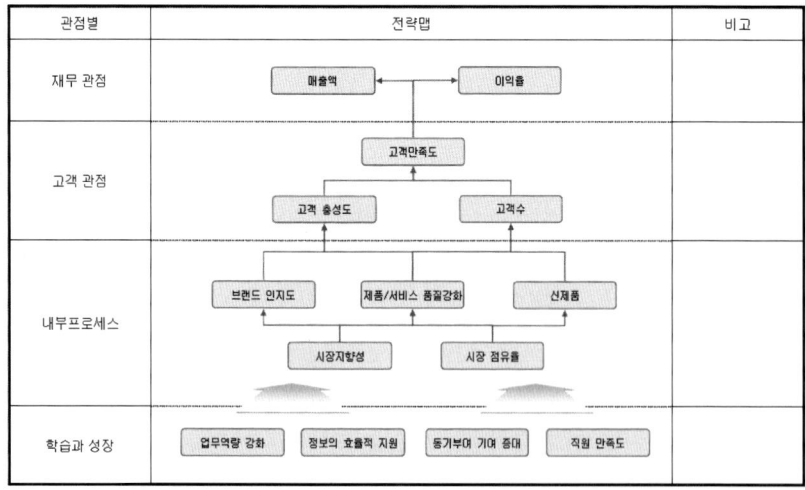

1.4. 제조업 전략맵 사례 D

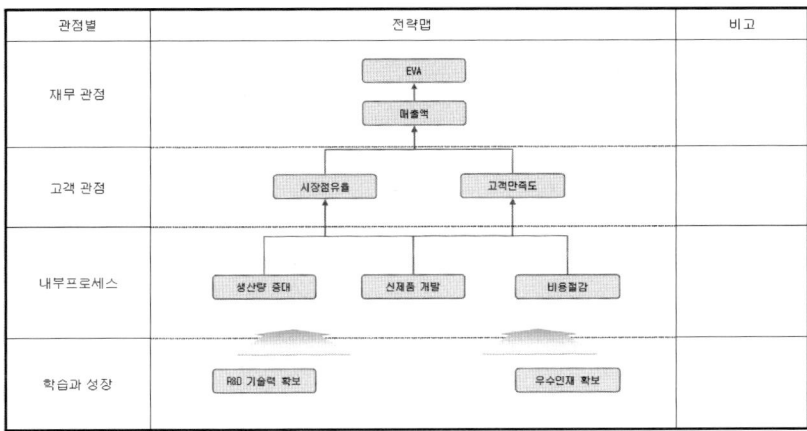

1.5. 유통업 전략맵 사례

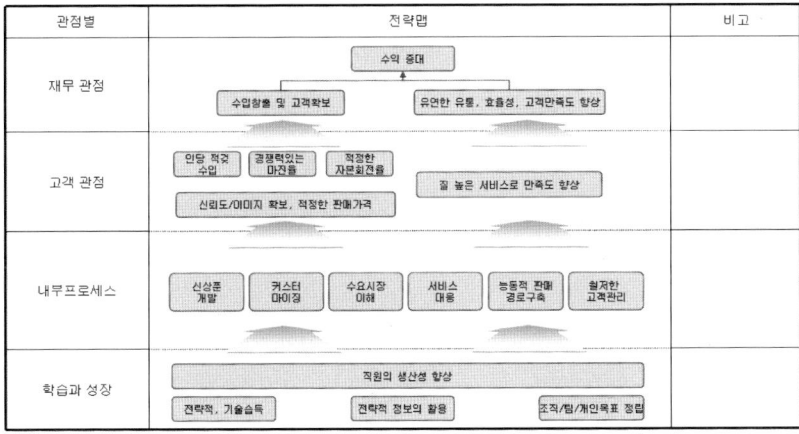

1.6. 백화점/할인점 전략맵 사례

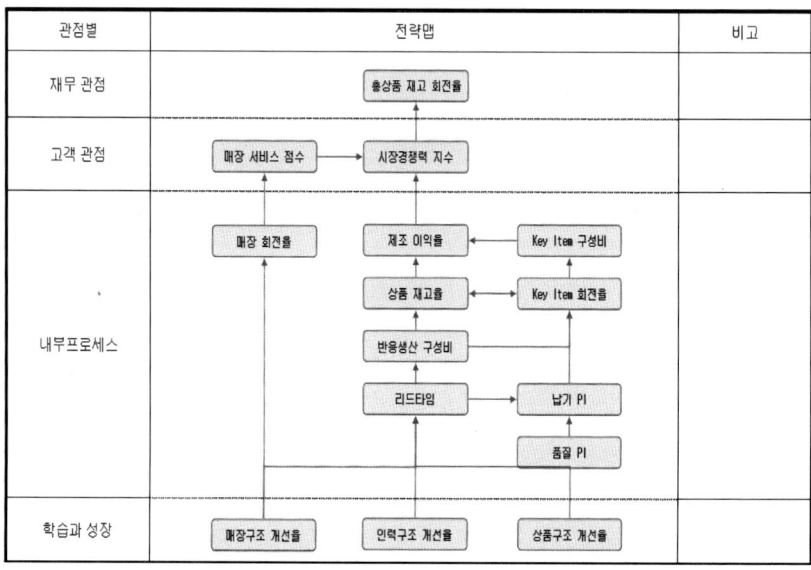

관점별	전략맵	비고
재무 관점	홍상품 재고 회전율	
고객 관점	매장 서비스 점수 → 시장경쟁력 지수	
내부프로세스	매장 회전율 제조 이익율 ← Key Item 구성비 상품 재고율 ← Key Item 회전율 반응생산 구성비 리드타임 → 납기 PI 품질 PI	
학습과 성장	매장구조 개선율 인력구조 개선율 상품구조 개선율	

중소기업의 전략적 성과관리(BSC)

1.7. 홈쇼핑회사 전략맵 사례

관점별	전략맵	비고
재무 관점	경상이익 / 순출고 목표 / 순매출 목표	
고객 관점	상품 만족 1등 / 방송(Site)만족 1등 / 서비스 만족 1등 / 브랜드 인지도 제고	
내부프로세스	혁신활동 강화 / CRM마케팅 강화 / 신상품 개발 / 신매체/해외시장 개척강화	
학습과 성장	기존 고객유지 / 고객만족 / 신규 고객확보	

홈쇼핑 회사 전략맵

1.8. 프랜차이즈 회사 전략맵 사례

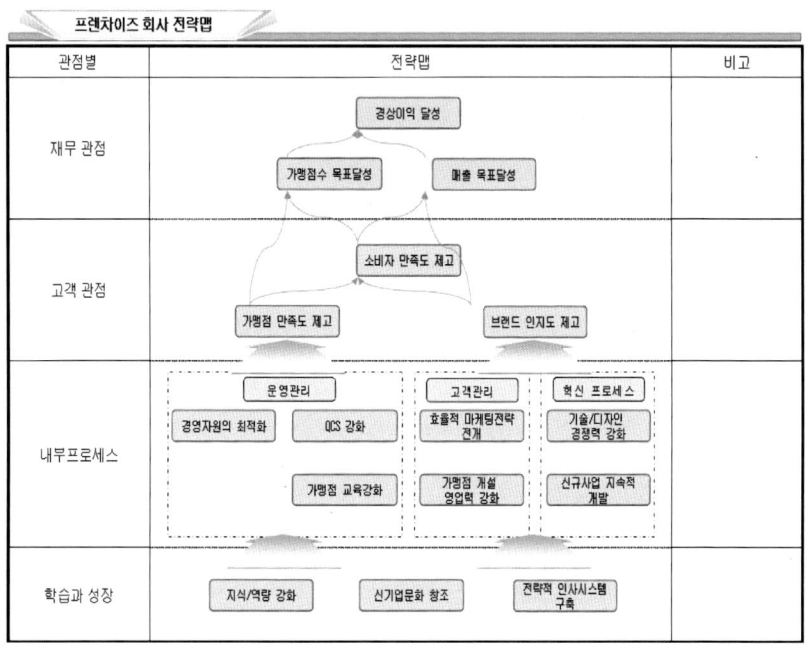

관점별	전략맵	비고
재무 관점	경상이익 달성 / 가맹점수 목표달성 / 매출 목표달성	
고객 관점	소비자 만족도 제고 / 가맹점 만족도 제고 / 브랜드 인지도 제고	
내부프로세스	운영관리 (경영자원의 최적화, QCS 강화, 가맹점 교육강화) / 고객관리 (효율적 마케팅전략 전개, 가맹점 개설 영업력 강화) / 혁신 프로세스 (기술/디자인 경쟁력 강화, 신규사업 지속적 개발)	
학습과 성장	지식/역량 강화 / 신기업문화 창조 / 전략적 인사시스템 구축	

실무편

2. 업무기능별 전략맵

2.1. 리더십 전략맵 A

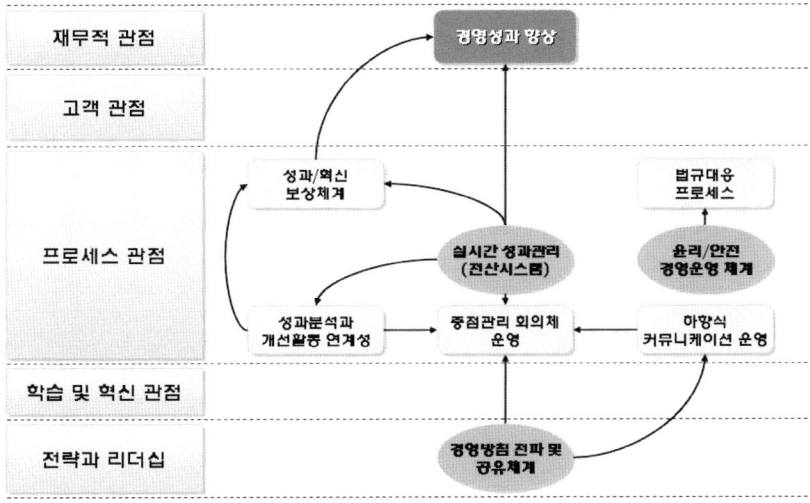

2.2. 리더십 전략맵 B

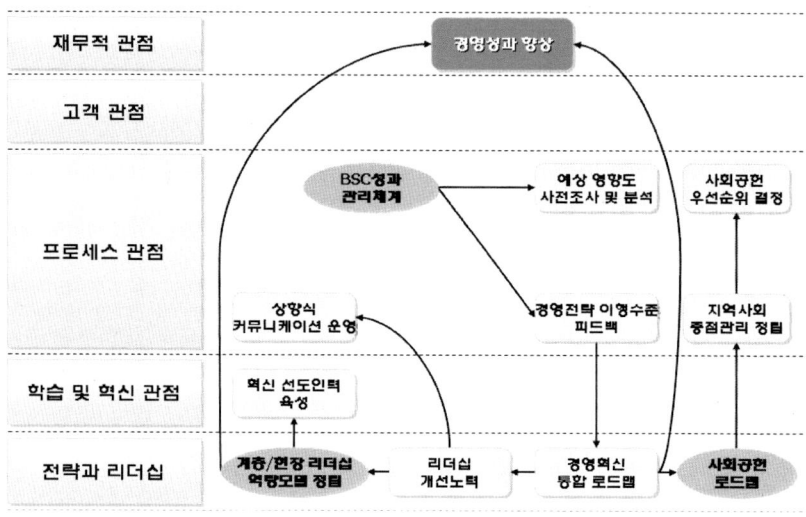

2.3. 전략기획 전략맵 A

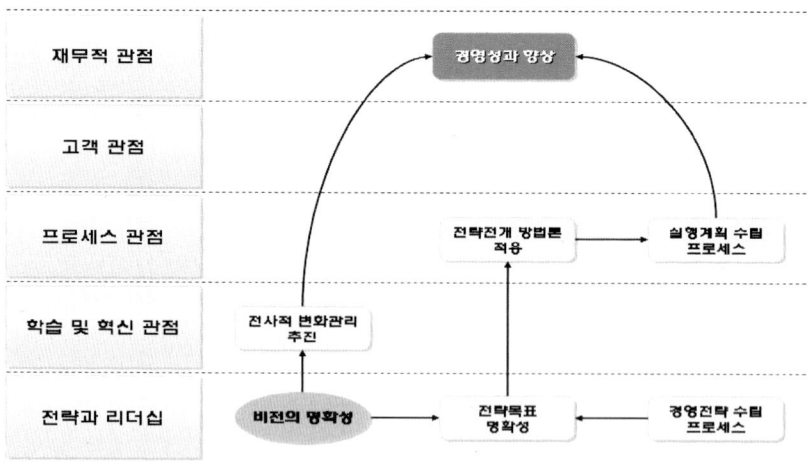

2.4. 전략기획 전략맵 B

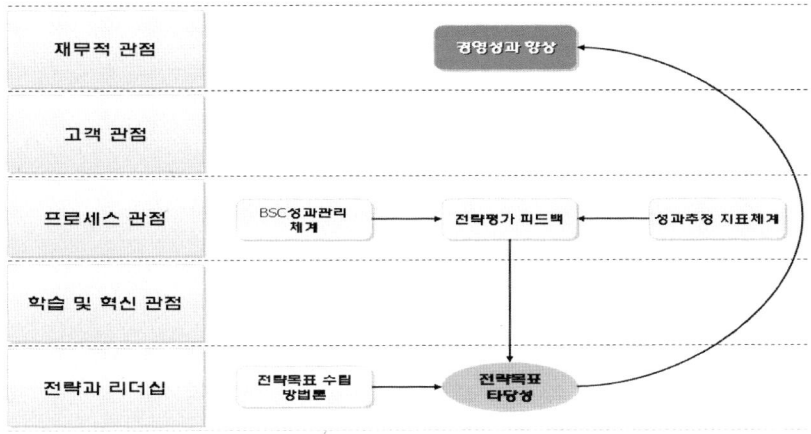

2.5. 고객만족 전략맵 A

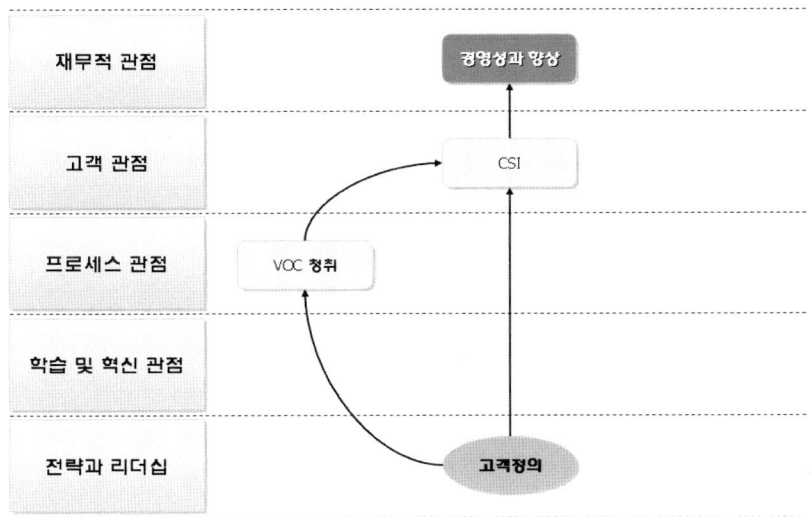

2.6. 고객만족 전략맵 B

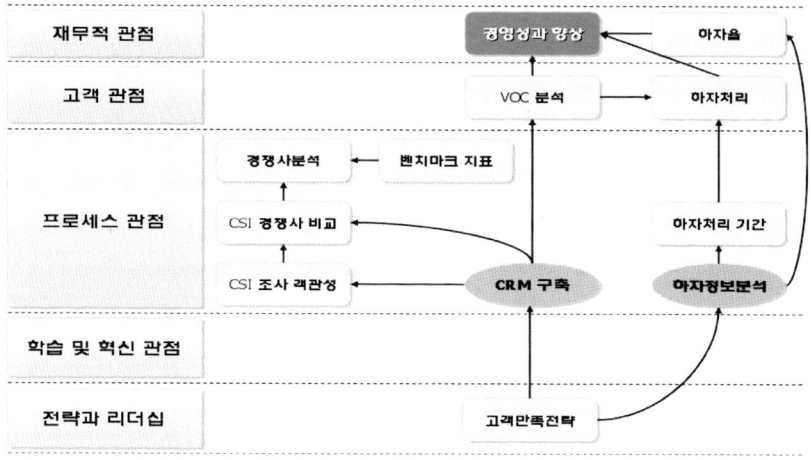

2.7. 정보관리 전략맵 A

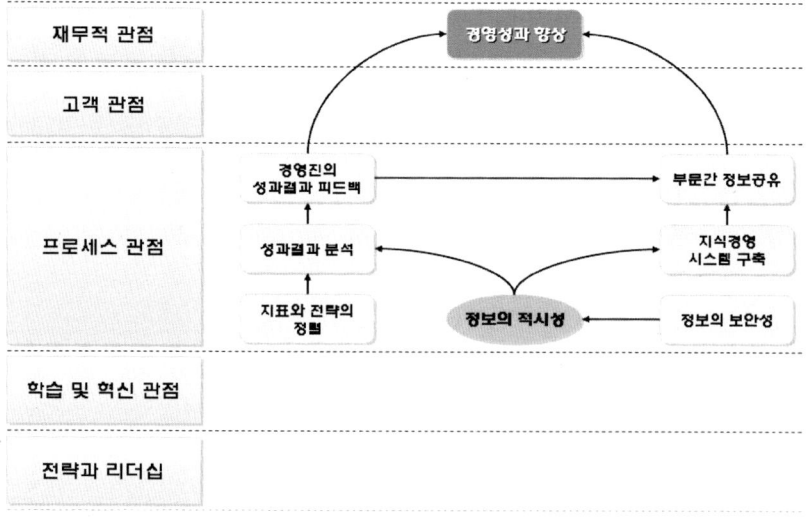

2.8. 정보관리 전략맵 B

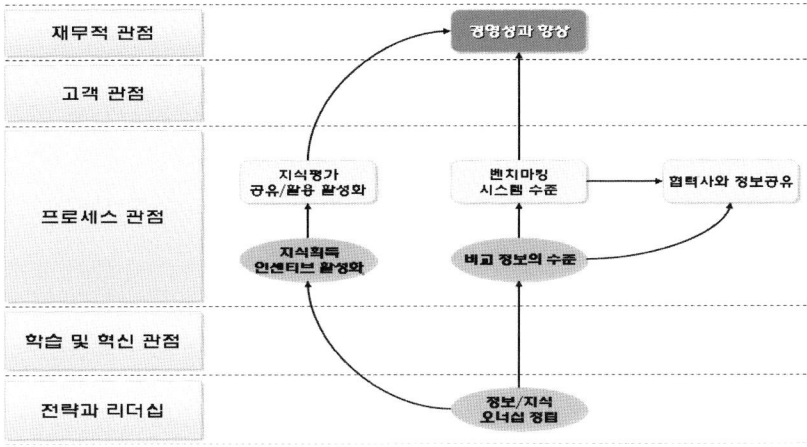

2.9. 인적자원관리 전략맵 A

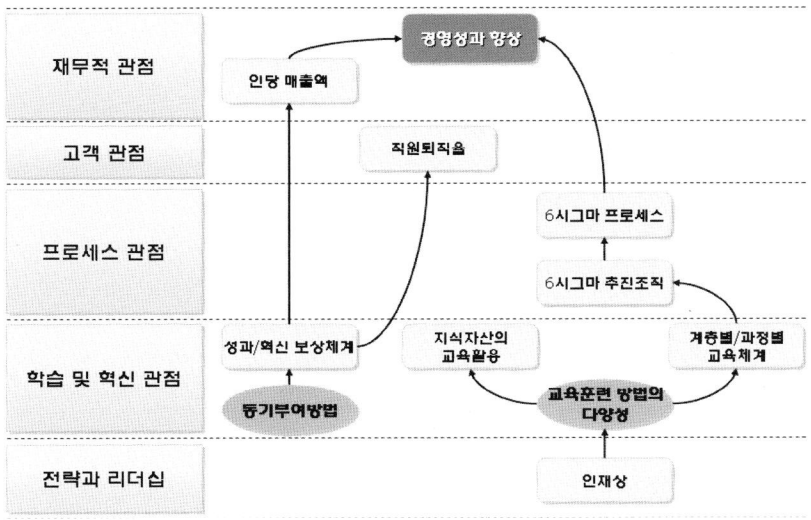

2.10. 인적자원관리 전략맵 B

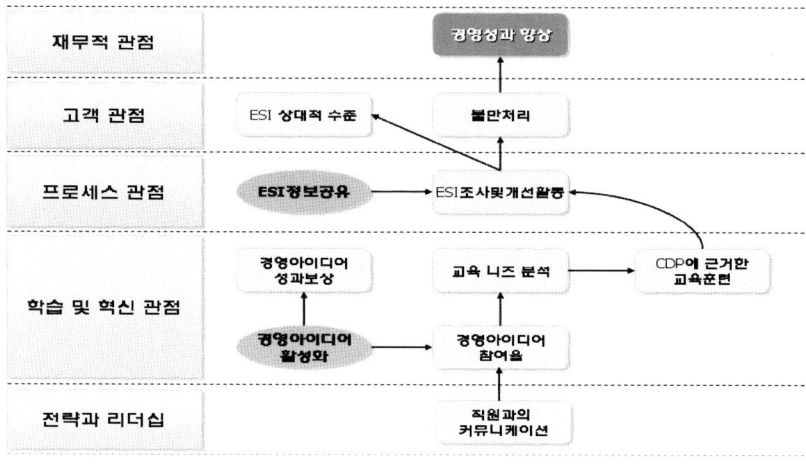

2.11. 제품개발 전략맵

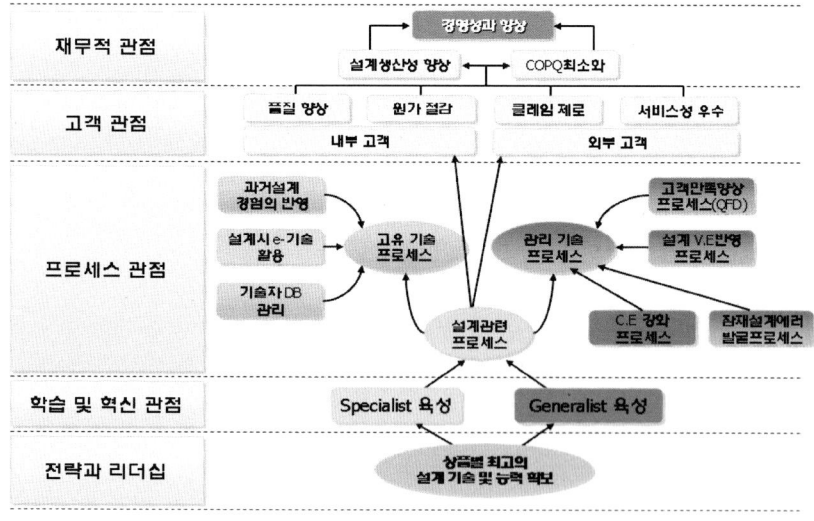

실무편

2.12. 공정관리 전략맵

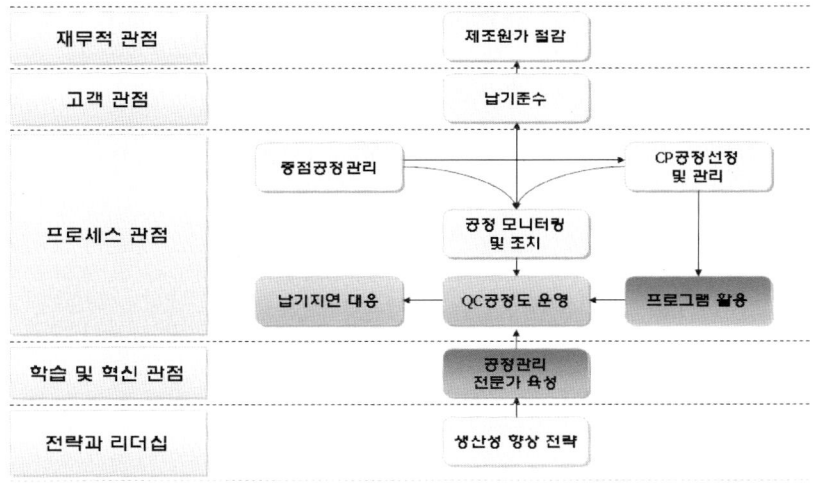

2.13. 품질관리 전략맵

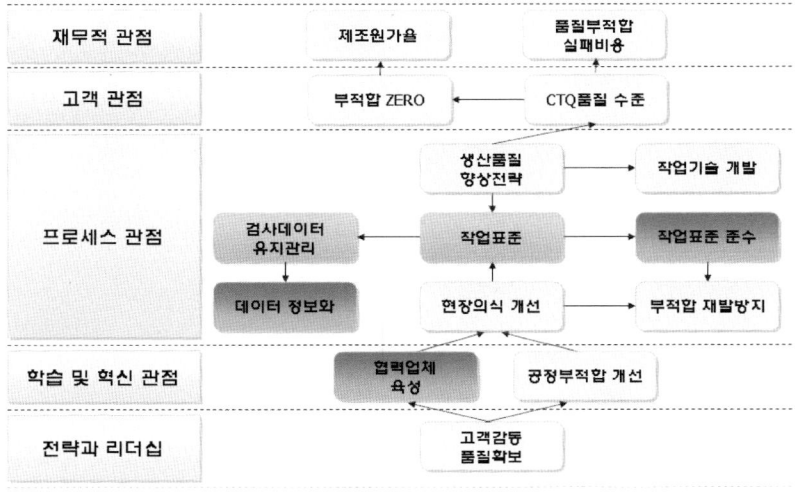

2.14. 사내표준화 전략맵

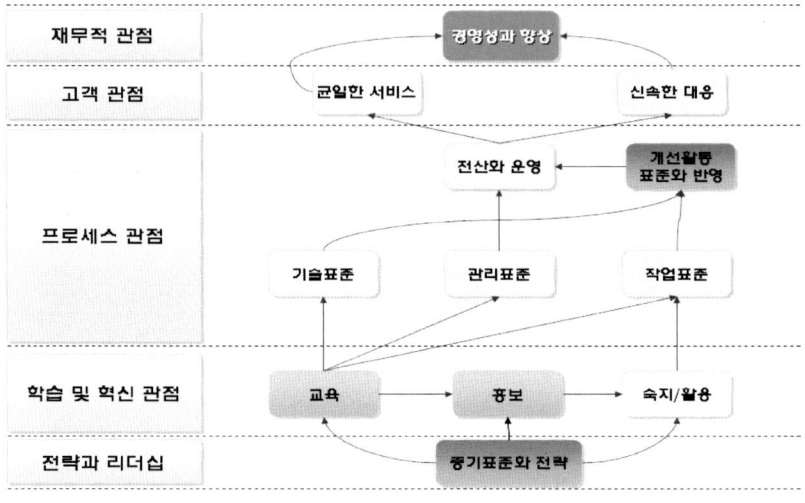

2.15. 품질비용관리 전략맵

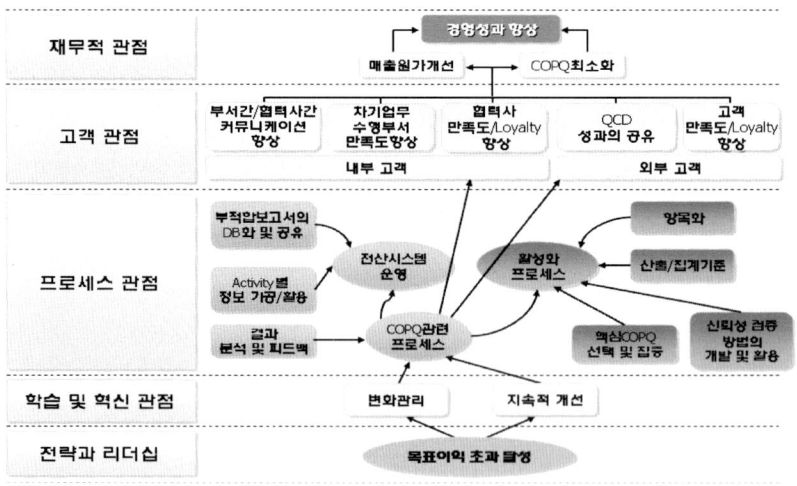

2.16. 안전관리 전략맵

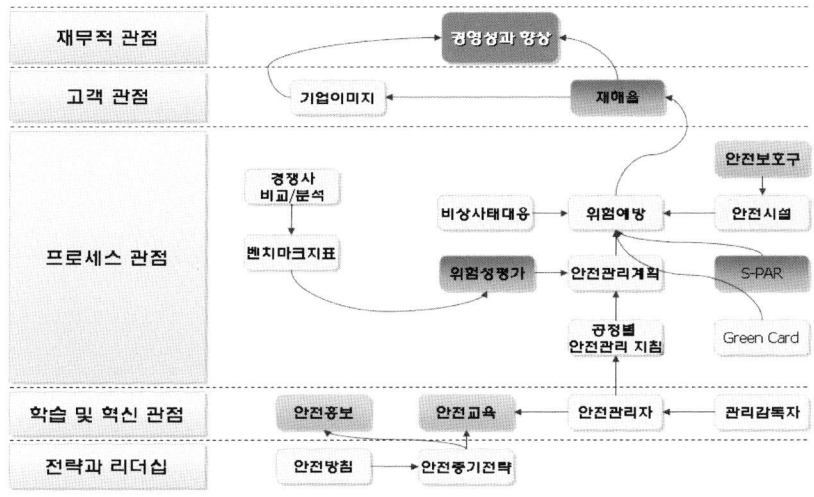

2.17. 환경관리 전략맵

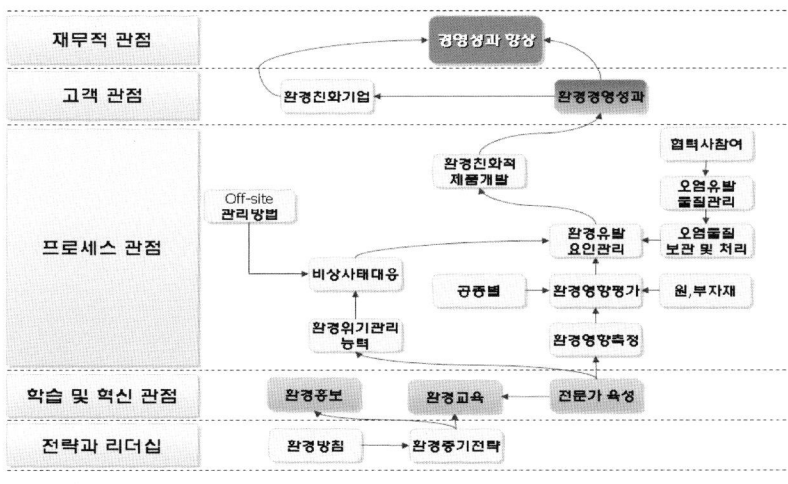

2.18. 구매/협력업체 관리 전략맵

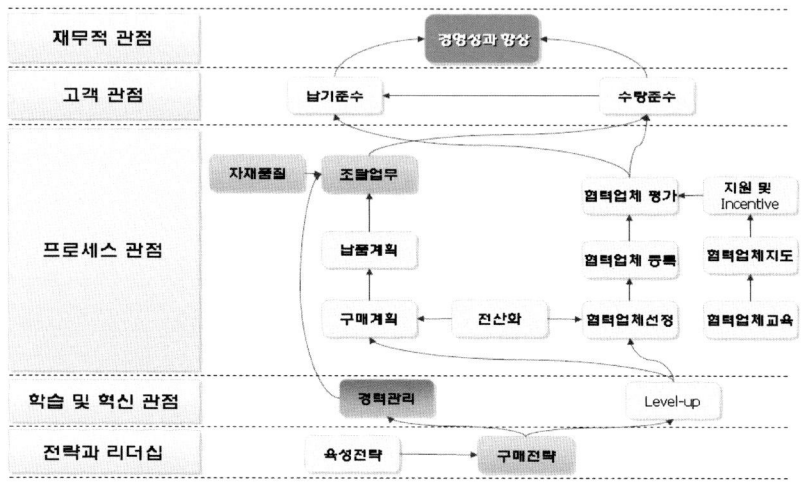

2.19. 자주개선활동 전략맵

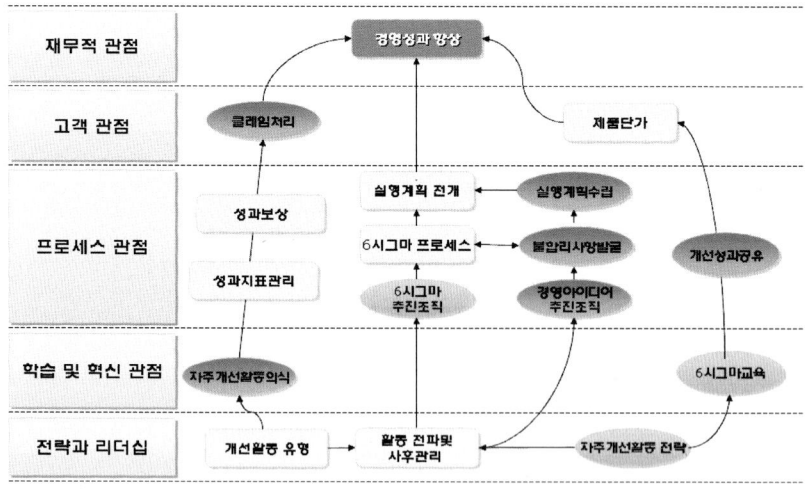

실무편

제 5 장

업무기능별 핵심성과 지표(KPI) 사전

제5장
:: 업무기능별 핵심성과 지표(KPI) 사전

1. 기획부문

NO	성과지표(KPI)	정 의	산 출 식
1	매출액달성률(%)	목표매출액에 대한 실적매출액의 달성도	· 실적매출액/계획매출액×100
2	수금달성률(%)	수금목표에 대한 실적수금액의 달성도	· 실적수금액/계획수금액×100
3	손익달성률(%)	손익목표금액에 대한 실적손익금액의 달성도	· 실적손익액/계획손익액×100
4	매출채권액(원)	현시점의 총매출 채권액	· Σ매출채권액
5	채권회전율(%)	매출채권에 대한 매출액의 비율	· (매출액/매출채권)×100
6	투자집행률(%)	계획투자 금액에 대한 집행 금액 비율	· (실적투자금액/계획투자금액)×100
7	매출원가율(%)	매출액에 대한 매출원가 비율	· (매출원가/매출액)×100
8	매출액	· 매출금액	· Σ매출금액
9	경상이익률(%)	· 매출액에 대한 경상이익금액 비율	· 경상이익액/총매출액
10	부가가치액(원)	· 부가가치 총액	세전손익＋인건비＋금융비＋감가상각비＋임차료＋조세공과
11	부가가치율(%)	· 매출액에 대한 부가가치액 비율	· 부가가치액/매출액
12	노동분배율(%)	· 부가가치에 대한 노무비 비율	· 노무비/부가가치액×100
13	부가가치생산성(원/인)	· 종업원 1인당 부가가치 생산액	· 부가가치액/상시종업원수
14	원가개선율(%)	· 전년도 대비 금년도매출원가율의 변화	· {1 － (금년도매출원가율/전년도매출원가율)}×100
15	순이익증가율(%)	· 전기 대비 금기의 순이익 증감 비율	· (금기순이익 － 전기순이익)/전기순이익×100
16	이익달성률(%)	· 이익목표에 대한 실적 달성도	· (실적이익액/목표이익액)×100
17	납기달성률(%)	· 정해진 기간 내 납품 완료한 건수 비율	· (정기납품건수/총납품 건수)×100
18	평균납기지연일수(일)	· 납기지연건수의 평균 지연건수	· 총지연일수/납기지연건수
19	경상이익률 달성률(%)	· 목표경상이익률 달성 비율	· 실적경상이익률/목표경상이익률
20	원가절감액(원)	· 실행예산원가 대비 집행예산의 원가절감 금액	· 실행예산원가 － 집행예산원가
21	품질손실비용달성률(%)	· 품질손실비용의 목표달성도	· (목표품질손실비용/실적품질손실비용)×100
22	원가절감달성률(%)	· 원가절감목표의 달성도	· (실적원가절감액/목표원가절감액)×100

2. 재무관리

NO	성과지표(KPI)	정 의	산 출 식
1	손익분기점	· 총매출과 총비용이 일치하는 분기점	· 고정비÷(1 - 변동비/매출액)
2	유동비율(%)	· 유동부채에 대한 유동자산 비율	· (유동자산/유동부채)×100
3	고정비율(%)	· 자기자본에 대한 고정비율	· (고정자산 + 투자와 기타자산)/자기 자본×100
4	부채비율(%)	· 자기자본에 대한 부채비율	· (부채/자기자본)×100
5	자본회전율(%)	· 자기자본에 대한 매출액 비율	· 매출액/총자본, 매출액/자기자본
6	총자본순이익률(%)	· 총자본에 대한 순이익비율	· 매출이익률×총자본회전율
7	고정자산회전율	· 고정자산에 대한 매출액 비율	· 매출액/고정자산
8	재고회전율(%)	· 재고자산에 대한 매출액 비율	· 매출액/재고자산
9	재고자산보유일	· 재고자산의 보유일수	· 365/재고회전율
10	매출채권회전율(%)	· 외상매출에 대한 매출액 비율	· 매출액/(외상매출 + 받을 어음)
11	매입채무회전율(%)	· 외상매입에 대한 매출액 비율	· 매출액/(외상매입 + 지급어음)
12	총자본투자효율(%)	· 총자본에 대한 부가가치 금액 비율	· (부가가치액/총자본)×100
13	이익분배율(%)	· 부가가치액에 대한 순이익 비율	· (순이익액/부가가치액)×100
14	장기채권액(원)	· 1년 이상 기간의 채권액	· Σ1년 이상 채권액
15	어음부도율(%)	· 어음금액에 대한 부도어음 금액 비율	· (부도어음금액/총어음금액)×100
16	부실채권액(원)	· 계약보다 6개월 이상 경과된 채권과 사고 또는 부도 금액의 총액	· Σ부실채권액
17	자금수지율(%)	· 자금 수입에 대한 지출 실적 비율	· (자금지출실적/자금수입실적)×100
18	부실채권금액비율(%)	· 총매출 채권 중 부실채권 금액 비율	· 부실채권액/매출채권액×100
19	장기자금조달률(%)	· 총자금 중 장기조달자금이 차지하는 비율	· (장기자금조달액/총자금액)×100
20	대출대비금융비율(%)	· 매출액 대비 금융비용의 비율	· (금융비용액/매출액)×100
21	대손상각률(%)	· 매출채권에 대한 대손처리금액	· (실발생대손처리금액/매출채권금액)×100
22	어음발행금액(원)	· 매일의 어음발행 금액	· Σ어음발행금액
23	원가차액(원)	· 원가계산 시 원가차액 금액	· 표준원가 - 실행원가
24	결산완료단축일(일)	· 결산업무의 완료일자	· 익월완료일 - 당월완료일

3. 인사관리

NO	성과지표(KPI)	정 의	산 출 식
1	인력증감률(%)	· 현재인원 대비 현재인원에서 전년도 인원을 뺀 인원과의 비율	· (현재인원 − 전년도인원/현재인원)× 100
2	부문 간 인력구성 비율 (%)	· 총인원 대비 부문인원 비율	· (부문인원/총인원)×100
3	직급 간 인력 구성 비율(%)	· 총인원 대비 해당 직급인원 비율	· (직급인원/총인원)×100
4	채용계획인원(명)	· 신규채용계획인원의 합계	· Σ채용계획 인원
5	채용률(%)	· 응시인원 대비 채용인원의 비율	· (채용인원/응시인원)×100
6	응시인원(명)	· 입사지원자수의 합계	· Σ입사지원자수
7	채용자 수습 중 퇴사율(%)	· 채용인원 대비 수습 중 퇴사 인원의 비율	· (수습 중 퇴사인원/채용인원)×100
8	전형비용(원)	· 채용 시 발생한 비용의 합계	· Σ채용 시 발생한 비용
9	진급인원비율(%)	· 진급대상자 대비 진급인원의 비율	· (진급인원/진급대상자)×100
10	승급인원비율(%)	· 전체 인원 대비 승급인원의 비율	· (승급인원/전체 인원)×100
11	평균진급 연수(년)	· 직급별 평균진급 소요연한	· Σ진급자 진급소요연한/진급자수
12	배치전환인원률 (%)	· 총인원 대비 배치전환 인원의 비율	· (배치전환인원/총인원)×100
13	입사율(%)	· 당년 평균인원 대비 입사인원의 비율	· (당년입사인원/(전년 말 인원 + 당해 연 말 인원)/2×100
14	퇴사율(%)	· 당년 평균인원 대비 퇴사 인원의 대비율	· (당년퇴사인원/(전년 말 인원 + 당해 연 말 인원)/2)×100
15	직급별 인원수 (명)	· 직급별 인원수	· Σ직급별 인원
16	직급별 평균연령(세)	· 직급별 평균연령	· Σ직급별 개인연령/직급별인원
17	직급별 평균 근속연수(년)	· 직급별 평균 근속연수	· Σ직급별 개인근속연수/직급별인원
18	동종업계평균근속연수(년)	· 동종업계의 평균근속연수	· Σ동종업계재직인원근속연수/재직인원
19	포상 인원수(명)	· 포상인원의 합계	· Σ포상인원
20	징계인원수(명)	· 징계인원의 합계	· Σ징계인원
21	근태사고율(%)	· 일정기간 동안의 근무일수 대비 근태사고 (결근, 조회, 지각 등) 일수의 비율 · (근태사고일수/일정기간 동안의 근무일수)× 100	· (근태사고건수/근무일수)×100
22	월차휴가 사용률(%)	총인원 대비 월차휴가사용자에 대한 비율	· (월차휴가 사용자수/총인원)×100
23	임금협상안 추가부담액(원)	· 임금협상안 추가부담액의 합계	· Σ임금협상안 추가부담액
24	단체협상안 추가부담액(원)	· 단체협상안추가부담액의 합계	· Σ단체협상안 추가부담액
25	임금인상률(%)	· 전년도 평균임금 대비 금년도 인상된 임금 과의 비율	· {(금년도 평균임금 − 전년도 평균임금)/ 전년도 평균임금}×100
26	당사/동종업체 임금 대비율(%)	· 당사평균임금대비 동종업체 평균임금의 비율	· {(당사의 평균임금 − 동종업체평균임금)/ 당사의 평균임금}×100
27	1인당 인건비(원)	· 연평균인원 대비 인건비에 대한 비율	· Σ인건비/연평균인원
28	인건비 비율(%)	· 매출액 대비 인건비의 비율	· Σ인건비/매출액×100
29	임금계산오류건수(건)	· 급여착오 지급건수의 합계	· Σ급여착오지급건수
30	인건비 총액(원)	· 인건비 합계금액	· Σ인건비

4. 노무관리

NO	성과지표(KPI)	정 의	산 출 식
1	학자보조금 지급건수(건)	· 학자보조금 지급건수의 합계	· Σ학자보조금 지급건수
2	학자보조금 지급금액(원)	· 학자보조금 지급금액의 합계	· Σ학자보조금 지급금액
3	의료보험금 납입금액(원)	· 의료보험 납입금액의 합계	· Σ의료보험납입금액
4	국민연금납입금액(원)	· 국민연금 납입금액의 합계	· Σ국민연금납입금액
5	저축가입자수(명)	· 저축가입인원수의 합계	· Σ저축가입인원수
6	저축가입금액(원)	· 저축가입금액의 합계	· Σ저축가입금액
7	요양신청건수(건)	· 산재환자요양신청건수의 합계	· Σ산재환자요양신청건수
8	요양급여신청건수(건)	· 산재환자요양신청건수의 합계	· Σ산재환자요양신청건수
9	평균임금산정건수(건)	· 산재환자평균임금산정건수의 합계	· Σ산재환자평균임금산정건수
10	휴업급여신청건수 (건)	· 산재환자휴업급여신청건수의 합계	· Σ산재환자휴업급여신청건수
11	생계보조비 지급금액(원)	· 산재환자생계보조비 지급금액의 합계	· Σ산재환자생계보조비 지급금액
12	산재환자 면담건수(건)	· 산재환자면담건수의 합계	· Σ산재환자면담건수
13	소송업무지원건수(건)	· 소송업무지원건수의 합계	· Σ소송업무의지원건수
14	고용보험자격취득건수(건)	· 고용보험자격 취득건수의 합계	· Σ고용보험자격 취득건수
15	고용보험 자격상실 신고건수(건)	· 고용보험 자격상실건수의 합계	· Σ고용보험 자격상실건수
16	연말정산 수정 건수 (건)	· 착오정산 수정 신고건수의 합계	· Σ착오정산 수정 신고건수
17	해외여비 총액(원)	· 해외출장 · 연수비 총액	· Σ해외출장여비
18	해외출국인원(명)	· 해외출장 인원의 합계	· Σ해외출장인원
19	종퇴보험가입비율(%)	· 퇴직충당금 사외예치비율	· (퇴직충당금사외예치금액/퇴직 충당금총액)×100
20	단체정기보험 수혜건수(건)	· 단체정기보험수혜건수의 합계	· Σ단체정기보험수혜건수
21	단체정기보험 수혜금액(원)	· 단체정기보험수혜금액의 합계	· Σ단체정기보험수혜금액
22	보장보험불입금액(원)	· 보장보험불입금액의 합계	· Σ보장보험불입금액
23	경조금 지급건수(건)	· 경조금 지급건수의 합계	· Σ경조금 지급건수

실무편

NO	성과지표(KPI)	정 의	산 출 식
24	경조금 지급금액(원)	· 경조금 지급금액의 합계	· Σ경조금 지급금액
25	국민연금가입인원수(명)	· 국민연금	· Σ국민연금 가입인원
26	국민연금 탈퇴인원수(명)	· 국민연금 탈퇴인원수의 합계	· Σ국민연금 탈퇴인원
27	국민연금 지연 납부금액	· 국민연금 지연 납부금액의 합계	· Σ국민연금 지연 납부금액
28	의료보험 가입인원수(명)	· 의료보험 가입인원수의 합계	· Σ의료보험 가입인원수
29	의료보험 탈퇴인원수(명)	· 의료보험 탈퇴인원수의 합계	· Σ의료보험 탈퇴인원수
30	의료보험 지연납입금액(원)	· 의료보험 지연납입금액의 합계	· Σ의료보험 지연납부금액
31	신원보증보험 가입인원수(일반직)(명)	· 신원보증보험의 가입인원 합계	· Σ신원보증보험 가입인원
32	신원보증보험 가입금액(일반직)(원)	· 신원보증보험의 가입금액의 합계	· Σ신원보증보험 가입금액
33	신원보증보험 가입인원수(금전취급직)(명)	· 금전취급직 가입인원 합계	· Σ금전취급직 가입인원
34	신원보증보험 가입금액(일반직)(명)	· 금전취급직 가입인원 합계	· Σ금전취급직가입금액
35	건강 진단 실시율(일반/특수)(%)	· 건강 진단 수검자 비율	· (수검 인원/건강진단 대상인원) ×100
36	건강 이상 발생률(%)	· 건강 진단 결과 환자 발생자 비율	· (이상 발생자/건강 진단자)×100
37	인당 보건 교육 시간(HR)	· 보건/건강 관련 인당 교육 시간	· (Σ교육 시간/총대상자수)
38	식당 점검 이상 조치율(%)	· 식당 점검 시 지적된 이상 건수에 대한 조치 건수 비율	· (조치 건수/점검 시 이상 건수) ×100
39	인당 건강 진단 비용(원)	· 건강 진단 실시에 사용된 인당 비용	· 건강진단 비용/수검 인원수
40	건강 관리실 운영비(원)	· 건강 관리실 운영에 소요되는 비용	· 건강 관리실 운영비

5. 교육훈련

NO	성과지표(KPI)	정 의	산 출 식
1	교육인원증감률(%)	· 기준연도 교육인원과 대비연도 교육인원의 증감비율	· (대비연도 교육인원/기준연도 교육인원)×100
2	교육비증감률(%)	· 기준연도 교육비와 대비연도 교육비의 증감비율	· (대비연도 교육비/기준연도 교육비)×100
3	교육훈련 계획 인원수(명)	· 당해 연도 과정별 교육 인원수의 합계	· 연간 과정별 교육 인원수
4	총교육훈련비(원)	· 연간 교육훈련비의 합계	· Σ연간 과정별 교육 훈련비
5	총교육과정수(과정)	· 교육과정수의 합계	· Σ당해 연도 교육계획과정수
6	과정개발수(과정)	· 자체 개발과정수의 합계	· Σ자체 개발과정수
7	개별과정 수료인원(명)	· 개별과정최종수료인원의 합계	· Σ개별과정최종수료인원
8	개별과정 교육비 지출총액(원)	· 개별과정의 교육비 지출금액의 합계	· Σ개별과정 예산항목별 지출액
9	개별과정 인당 교육비(원)	· 개별과정교육인원과 과정총교육비의 비율	· 과정총교육비/교육인원
10	사내강사 확보수(명)	· 사내강사 등록인원의 합계	· Σ사내강사 등록인원수
11	사내강사 확보율(%)	· 총인원수와 사내강사 등록인원수 대비율	· (사내강사 등록인원수/총인원수)×100
12	사내강사 활용률(%)	· 과정 총교육시간 중 사내강사 강의시간의 비율	· (사내강사 강의시간/사내과정 총교육시간)×100
13	인당교육과정수	· 교육전담인원수와 교육과정수의 비율	· 교육과정수/교육전담인원수
14	본부별 교육비 배정액(원)	· 본부별로 교육비가 배정된 금액	· Σ본부별 교육비 배정액
15	교육수혜율(%)	· 종업원 중 교육 수료 인원수의 비율	· (교육수료인원 총수/종업원수)×100
16	교육계획실시율(%)	· 교육계획인원수 대비 교육이수인원수의 비율	· (교육실적인원/교육계획인원)×100
17	교육훈련 총시간(Hr)	· 과정별 인당 교육시간의 합계	· Σ과정별 인당 교육훈련시간
18	인당교육시간(Hr)	· 1인당교육훈련시간	· 교육훈련 총시간/종업원수
19	교육훈련비 지출총액(원)	· 계정과목별 집행액의 합계	· Σ계정과목별 집행액
20	교육훈련투자율(%)	· 매출액에 대한 총교육비의 비율	· (당해 연도 총교육비/당해 연도 매출액)×100
21	인당 교육비(원)	· 1인당 평균 교육비	· (대비연도 총교육비/종업원수)×100
22	교육시설 활용률(%)	· 사용가능 총일수에 대한 실사용 일수의 비율	· (실사용 일수/사용가능 총일수)×100
23	교육식수 인원(명)	· 배식시간대별 식수인원의 합계	· Σ배식시간대별 식수인원
24	교육급식비 지출 총액(원)	· 급식비 지출액의 합계	· 운영경비+(식수인원×식단가)
25	숙소 사용수(개)	· 숙소사용수의 합계	· Σ숙소사용수
26	교육용역비 지급총액(원)	· 용역비의 합계	· Σ용역비
27	개인별교육 평가점수(점)	· 과정별·과목별 개인별 평가 점수	· 평가점수
28	교육만족도(점)	· 교육수료 후 설문조사결과 만족도 점수	· 과정만족도/교육수강인원

실무편

6. 영업

NO	성과지표(KPI)	정 의	산 출 식
1	수주율(%)	생산능력 대비 수주물량	(수주량/생산능력)×100
2	매출액 달성도(%)	매출목표에 대한 달성도	(실적매출/계획매출)×100
3	매출영업액 이익률(%)	매출액 대비 세전이익금액비율	(세전영업이익/매출액)×100
4	판가 유지율(%)	목표판가대로 팔리고 있는 정도	(실적판가/목표판가)×100
5	제품재고 회전기간(회)	연간기준으로 제품제고 회전기간	365/(매출/제품재고)
6	고정계약률(%)	고정으로 발생하는 매출액비율	(고정계약금액/매출액)×100
7	신시장개척률	신규시장에서 발생한 매출비율	(신시장 매출액/총매출액)×100
8	수요예측정확도(%)	예측수주건수 대비 확정수주건수비율	(확정 Order 건수/Forecasting Order 건수)×100
9	판매예측정확도(%)	예측판매량 대비 실제판매량의 비율	(실적판매량/예측판매량)×100 *Forecasting: 매월 25일 물동회의 시 입력기준
10	Order변경률(%)	오더변경비율	[ㅣΣ(Order수량 - W/O수량)ㅣ/Σ Order수량]×100
11	매출채권 회전기간(회)	연간기준으로 매출채권의 회전기간	365/(매출/매출채권)
12	부실채권 금액(원)	부실채권발생 총금액	Σ부실채권 금액
13	주문 Cycle Time(hr)	주문에서 출하까지 소요되는 기간	Σ제조시간/주문수량
14	VOC응답시간(hr)	고객의 소리 접수에서 응답까지의 시간	Σ응답시간/VOC건수
15	고객납기 준수율(%)	수주건수에 대한 납기준수비율	(납기 미준수 건수/수주 총건수)×100
16	우수고객 증가율(%)	우수고객의 증가비율	(기말우수고객수 - 기초우수고객수)/기초우수고객수×100
17	Claim율(%)	판매건수 대비 클레임건수 비율	(Claim건수/판매건수)×100
18	신제품 영업이익률(%)	신제품판매금액 대비 이익발생 비율	(신제품영업이익/신제품매출액)×100
19	신제품 매출성장률(%)	전월 대비 당월의 신제품매출성장 비율	[1 - (당월신제품매출액/전월신제품매출액)]×100
20	신제품판매점유율(%)	총매출에서 신제품매출이 차지하는 비율	(신제품매출/총매출)×100

7. 정보관리

NO	성과지표(KPI)	정 의	산 출 식
1	정보화투자계획금액(원)	· 정보화연간투자요청예산관리	· ∑투자계획금액
2	정보화투자예산집행금액(원)	· 정보화투자 당해 연도 집행실적	· ∑투자예산집행금액
3	정보화투자예산집행률(%)	· 당해 연도 투자예산 대비 집행실적의 비율	· (투자집행금액/투자승인예산)×100
4	전산교육실시시간(HR)	· 전산교육실시간 관리	· ∑전산교육실시시간
5	정보표준화 건수(건)	· 정보관련 표준화완료 건수	· ∑표준화 건수
6	정보시스템 품질평가건수(건)	· 정보시스템 품질평가건수	· ∑정보시스템 품질평가건수
7	HW/SW 도입검토건수(건)	· HW/SW 투자 관련 타당성 검토건수	· ∑HW/SW 도입검토건수
8	HW/SW 설치건수(건)	· HW/SW 설치건수	· ∑HW/SW 설치건수
9	시스템 응답속도 향상률(%)	· 시스템 응답속도 향상 실적 비율	· (기존 속도 – 개선 후 속도)/개선 후 속도)×100
10	시스템 응답속도 개선 건수(건)	· 시스템 응답속도 개선 건수	· ∑시스템 응답속도 개선 완료 건수
11	정비보수실시건수(건)	· 전산장비정비 보수를 위한 회수	· ∑정비보수실시건수
12	연간 정비보수 계약금액(원)	· 전산장비 정비보수를 용 역계약 금액	· ∑정비보수계약금액
13	시스템 장애율(%)	· 시스템 장애를 일으키는 비율	· ∑(장애시간/가동시간)×100
14	HW/SW 보유수량(종)	· HW/SW를 보유한 수량	· ∑HW/SW 보유수량
15	사용자등록/변경처리 건수(건)	· 사용자등록/변경현황관리	· ∑사용자 권한등록/변경
16	백업·복구처리횟수(회)	· 데이터 백업·복구처리한 횟수관리	· ∑백업·복구처리횟수
17	시스템사용시간(HR)	· 시스템 사용한 시간	· ∑시스템사용시간
18	데이터 백업횟수(회)	· 데이터 백업처리한 횟수	· ∑데이터 백업횟수
19	Batch job 처리건수(건)	· BATCH JOB 처리건수	· ∑BATCH JOB처리지원횟수
20	출력물 처리건수(건)	· 주전산실 내 출력물처리 횟수	· ∑출력물처리건수
21	전산소모품 예산집행률(%)	· 전산소모품 예산 대비 집행실적률	· (집행금액/연간예산)×100
22	전산소모품 재고금액(원)	· 전산소모품 재고현황을 금액화	· ∑전산소모품재고금액
23	건당복구소요시간(HR)	· 건당복구소요시간관리	· 장애시간/복구건수
24	PC구입요청대수(대)	· PC구입요청현황	· ∑PC구입요청대수
25	PC보급대수(대)	· PC보급현황	· ∑PC보급대수
26	HW불용처리대수(대)	· HW사용불가를 불용처리한 현황	· ∑HW불용처리 대수
27	PC이전, 회수대수(대)	· PC이전, 회수수량	· ∑PC이전, 회수대수
28	정비보수실시간 건수(건)	· 시스템 정비보수실시 현황	· ∑정비보수실시 건수
29	자산취득누계금액(원)	· PC 및 주변기기 자산취득 금액	· ∑자산취득누계금액
30	PC 보급률(%)	· 사무실근무자의 PC 보급 비율	· (PC보유대수/사무실근무자수)×100

실무편

NO	성과지표(KPI)	정 의	산 출 식
31	NWIP주소수량(건)	· NETWORK IP주소관리 수량	· ΣNWIP주소수량
32	전용회선 사용료(원)	· 국내외 전용회선 사용 요금	· Σ전용회선사용료
33	외부통신망 사용료(원)	· 국내외 통신망 사용요금	· Σ외부통신망 사용료
34	PC통신 ID당 사용료(원)	· PC통신 ID당 사용료	· 사용료/ID수
35	PC통신 사용자 ID수(개)	· PC통신을 이용하는 사용자의 ID의 수	· ΣPC통신 사용자 ID수
36	해외망 사용료(원)	· 해외망을 이용한 사용 요금	· Σ해외망 사용료
37	해외망사용시간(HR)	· 해외망을 이용한 사용시간	· Σ해외망 사용시간
38	전화접속 네트워크 ID수(개)	· 전화접속 네트워크 사용 등록자수	· Σ전화접속 네트워크 사용자 ID수
39	전화접속 네트워크 사용시간(HR)	· 네트워크 사용현황 관리	· Σ전화접속 네트워크 총사용시간
40	인터넷 홈페이지 접속횟수(횟수)	· 인터넷 홈페이지에 월별 접속한 횟수	· Σ인터넷 홈페이지 접속횟수
41	인트라넷 접속횟수(회)	· 인트라넷 홈페이지에 월별 접속한 횟수	· Σ인트라넷 접속횟수
42	인터넷 개발/수정 페이지수(건)	· 인터넷 개발 및 수정한 페이지수	· Σ인터넷개발/수정페이지수
43	인트라넷개발/수정페이지수(건)	· 인트라넷 개발 /수정한 페이지수	· Σ인트라넷개발/수정페이지수
44	인터넷 질의 접수건수(건)	· 인터넷 관련 질문접수 건수	· Σ인터넷 질의 접수건수
45	인터넷 질의 건당 응답처리시간(HR)	· 인터넷 질의 건당 응답처리시간	· 응답소요시간/질의 건수
46	소스코드 보유본수(건)	· SW소스코드 한중보유본수	· Σ소스코드 보유본수
47	개발 PJT접수건수(건)	· 개발 요청된 PJT를 접수한 건수	· Σ개발PJT접수건수
48	개발 PJT타당성 검토건수(건)	· 개발요청건의 타당성 검토를 한 건수	· Σ개발 PJT타당성 검토건수
49	개발 PJT작업 진척도(%)	· 개발 PJT의 작업 진행 정도 파악	· Σ(투입일수/전체 소요일수)×100
50	업무분석투입 M/H(HR)	· 개발을 위한 대상 업무분석에 투입된 M/H	· Σ업무분석 투입시간
51	업무분석 작업진척도(%)	· 개발을 위한 소요예상 총일수 대비 실투입일수	· Σ(투입일수/소요일수)×100
52	입출력 설계화면수(건)	· 입력 및 출력화면을 설계한 화면수	· Σ입출력 설계화면수
53	CODING작업투입시간(건)	· CODING작업에 투입된 시간	· ΣCODING작업투입시간
54	CODING 작업 진척도(%)	· CODING작업의 진척률	· Σ(투입일수/소요일수)×100
55	기본설계투입시간(HR)	· 기본설계과정에 투입된 시간	· Σ기본설계투입시간
56	기본설계 작업진척도(%)	· 기본설계에 따른 작업 진도율	· (투입일수/소요일수)×100
57	상세설계 투입시간(HR)	· 상세설계과정에 투입된 시간	· Σ상세설계투입시간
58	상세설계 작업진척도(%)	· 상세설계에 따른 작업 진척도율	· Σ(투입일수/소요일수)×100
59	PGM수정보완건수(건)	· 개발완료 프로그램의 수정보완건수	· ΣPGM수정보완건수
60	매뉴얼 작성건수(건)	· 각종 매뉴얼작성건수	· Σ매뉴얼제작건수
61	매뉴얼 작성 투입시간(HR)	· 각종 매뉴얼 작성에 투입된 시간	· Σ매뉴얼 작성투입시간

NO	성과지표(KPI)	정 의	산 출 식
62	개발 PJT총투입시간(HR)	· 개발 PJT에 투입된 총투입시간	· Σ개발 PJT총투입시간
63	개발 PJT 총투입비용(원)	· 개발 PJT에 투입된 총투입비용	· Σ개발 PJT총투입비용
64	개발 PJT소요기간(HR)	· 개발 PJT에 투입된 총투입시간	· Σ개발 PJT소요시간
65	개발PJT투입인원수(명)	· 개발PJT에 투입된 총인원수	· Σ개발PJT투입인원수
66	PGM유지보수건수(건)	· 프로그램 유지보수를 수행한 건수	· ΣPGM 유지보수건수
67	PGM유지보수 투입시간(HR)	· 프로그램 유지보수에 투입된 총시간	· ΣPGM유지보수투입시간
68	고객요구사항 총접수건수(건)	· 고객이 요구한 내용을 접수한 총건수	· Σ고객요구사항 총접수건수
69	개발요구접수건수(건)	· 고객요구사항 중 개발확정된 접수 총건수	· Σ개발요구접수건수
70	구매요구 접수건수(건)	· 고객요구 구매사항을 접수한 총건수	· Σ구매요구접수건수
71	A/S요청접수건수(건)	· 고객요구A/S요청사항을 접수한 총건수	· ΣA/S요청접수건수
72	불만사항접수건수(건)	· 고객 불만족 사항을 접수한 총건수	· Σ불만사항접수건수
73	개발PJT완료건수(건)	· 개발 완료한 PJT의 총건수	· Σ개발 PJT완료건수
74	A/S 조치율(%)	· A/S요청된 사항 해결조치율	· (해결건수/접수건수)×100
75	A/S건당 조치시간(HR)	· A/S 건당 조치 처리시간	· 조치시간/조치건수

8. 구매 및 협력업체 관리

NO	성과지표(KPI)	정 의	산 출 식
1	원가절감액(원)	· 원가를 절감한 금액	· Σ(전기구매단가 – 단기구매단가)×구매량
2	원가절감률(%)	· 구매예산과 절감액과의 비율	· (절감액/구매예산)×100
3	구매실적금액(원)	· 구매를 수행한 계약 총금액	· Σ품목별 금액
4	협력업체수(업체)	· 협력업체로 지정된 업체수	· Σ협력업체수
5	거래등록업체수(업체)	· 등록업체명부에 등재된 거래업체수	· Σ등록거래업체수
6	협력업체 납기준수율(%)	· 구매, 외주품의 납기 준수 비율	· (납기 내 입고(납품) 품목수/입고(납품) 품목수)×100
7	품질문제발생건수(건)	· 구매, 외주품의 원인으로 발생한 품질문제 발생 건수	· Σ품질 문제 발생 건수
8	품질손실비용(원)	· 구매품 부적합으로 발생한 당사 손실비용 발생액	· Σ항목별발생금액

9. 자재관리

NO	성과지표(KPI)	정 의	산 출 식
1	목표재고 달성률(%)	· 재고실적 대비 목표재고 비율	· (목표재고/재고실적)×100
2	인당입고처리 금액(원)	· 1인당 입고 처리금액	· 입고금액/총인원
3	인당출고처리 금액(원)	· 1인당 출고 처리금액	· 월 출고금액/월 총인원
4	품질(SHORTAGE)발생건수(건)	· 자재반입ITEM 중 부족입고 건수 합계	· ΣSHORTAGE 건수
5	(과잉자재) OVERAGE 발생건수(건)	· 자재반입ITEM 중 과다입고발생건수 합계	· ΣOVERAGE 건수
6	품질손상률(%)	· 재고품종품질손상품의 비율	· 품질손상 자재금액/재고금액
7	검사의뢰 누락률(%)	· 반입자재에 대한 검사의뢰 누락건수	· (검사의뢰 누락건수/자재반입건수)×100
8	NCR발생률(%)	· 검사의뢰 건수 중 NCR발생 비율	· (NCR발생건수/검사의뢰건수)×100
9	NCR해결률(%)	· 발생 NCR해결 비율	· (NCR해결건수/NCR발생건수)×100
10	장기 미검사 품목수(건)	· 장기 미검사 ITEM의 건수	· Σ장기 미검사 품목수
11	납기준수율(%)	· 납품예정ITEM의 납기준수 비율	· (순수ITEM수량/납품예정ITEM수량)×100
12	납기미준수율(%)	· 납품ITEM의 납기 미준수 비율	· (미준수 ITEM수량/납품 ITEM수량)×100
13	재고회전율(회)	· 재고금액 대비 출고금액 비율	· 월 출고금액/월평균 재고액
14	장기재고 처리건수(건)	· 장기재고 실소요일 파악 및 출고건수	· Σ처리건수
15	재고 보유 일수(일)	· 실제 재고 보유 기간	· 365/재고회전율
16	장기재고 점유율(%)	· 재고금액 대비 장기재고금액 비율	· (장기재고금액(91일 이상)/재고금액)×100
17	잉여재고율(%)	· 재고금액 대비 잉여재고 비율	· (잉여재고금액/재고금액)×100
18	불용자재 발생률(%)	· 자재입고 대비 불용자재 발생 비율	· (불용자재금액/반기입고금액)×100
19	불용매각대상 발췌건수(건)	· 용도 소멸재 및 불용매각처리건수 합계	· Σ불용자재 매각처리건수
20	재물조사차이율(%)	· 재물조사 시 재고차이 비율	· (재고차이금액/재고금액)×100
21	자재 원단위	· 제품별자재사용현황을 원단위로 나타냄	· 각종별 단위생산량/자재소요량
22	안전재고량(일수)	· 자재소요 및 조달차이 발생 시 대체보완 자재량(일수)	· 자재별 안전재고량(일수)
23	장기재고 금액비율(%)	· 장기재고(90일 이상) 보유 비율	· (장기재고금액/재고금액)×100
24	자재식별표시미이행건수(건)	· 자재식별표시미이행으로 지적당한 건수	· Σ자재식별표시미이행건수
25	재고금액(원)	· 입고 후 미불출 자재금액	· Σ재고금액
26	재고율(%)	· 계획재고 대비 실적재고 비율	· (실적재고/계획재고)×100

10. 설계관리

NO	성과지표(KPI)	정 의	산 출 식
1	설계부적합률(%)	· 부적합도면, 문서로 인하여 품질문제를 일으킨 비율(도면, 문서 및 보고서)	· (부적합문서수/작성문서 총수)×100
2	기술교육실시율(%)	· 연간기술교육계획 대비 실적의 비율	· (실시건수/교육계획건수)×100
3	설계오류비용(원)	· 설계 미스로 인한 손실금액	· Σ(직접 손실비용 +간접 손실비용)
4	설계표준화건수(건)	· 도면, SPEC, 설계업무절차 등 표준화 건수	· 표준화건수
5	설계표준화율(%)	· 설계표준대상 대비 표준화건수의 비율	· (설계표준완료건수/설계표준적용대상건수)×100
6	설계도서 수정건수(건)	· 도면, 사양 등 설계도서의 수정건수	· 도면, 사양 등 설계도서의 수정건수
7	설계 NCR발행 건수(건)	· 설계 미스로 인한 NCR 발행 건수	· ΣNCR 발행 건수
8	설계 부하율(%)	· 설계보유 M/H 대비 예상투여 또는 실적 M/H의 비율	· (예상투여 또는 실적M/H/설계보유 M/H)×100
9	설계전산화율(%)	· 설계도서의 전산화 추진 비율	· (전산화된 설계도서 건수/설계도서 건수)×100
10	기술개발 건수(건)	· 당해 연도 신기술 개발의 건수	· Σ신기술 개발의 건수
11	기술개발 진도율(%)	· 신기술개발의 계획 대비 실적	· (기술개발실적/기술개발일정)×100
12	설계자료 전산화율(%)	· 확보된 설계자료의 전산화 비율	· (전산화된 설계자료 건수/설계자료 확보건수)×100
13	애로기술건수(건)	· 자체 보유설계 인력으로는 해결 곤란한 기술 건수	· Σ애로기술건수
14	제조원가 산출 납기 준수율(%)	· 제조원가 산출 시 계획 소요기간 대비 완료기간의 비율	· (완료기간/계획기간)×100
15	설계심사 실시율(%)	· 설계심사건수 대비 검토 또는 심사건수	· (검토건수/설계심사 대상건수)×100
16	도면 변경률(%)	· 총도면 매수 중 수정도면의 비율	· (변경도면 매수/총도면 매수)×100
17	설계인건비용(원)	· 설계에 투입된 인건비	· 설계투입 MH× 임률
18	설계부적합 해소율(원)	· 설계부적합 건수 중 시정조치된 해소 건수의 비율	· (해소건수/설계부적합 총건수)×100
19	설계 CLAIM 금액(원)	· 설계오류로 고객으로부터 발생한 CLAIM 처리에 소요된 재료비, 인건비, 경비, 배상금 등 총금액	· Σ(클레임건수×처리금액)
20	외주업체 개선 건수(건)	· 기술지도로 인한 개선점과 발생건수	· Σ외주업체 개선 건수
21	산업재산권 출원 건수(건)	· 특허, 실용신안, 의장등록 등 산업재산권 출원건수	· Σ출원 건수
22	국산화 건수(원)	· 외자재를 국산부품으로 변경한 국산화 건수(금액)	· Σ국산화 건수
23	설계 S/W 보유건수(건)	· 개발 및 설계용 S/W 보유 건수의 합계	· ΣS/W 보유건수

실무편

NO	성과지표(KPI)	정 의	산 출 식
24	원가 절감액(원)	· 개선활동에 의한 원가절감 총금액	· ∑건별절감액
25	설계 변경 건수(건)	· 품질문제, 고객요구 등으로 인하여 설계를 변경한 건수	· ∑설계변경건수
26	설계변경 검증률(%)	· 설계변경 사항의 적합성에 대한 심사, 검증을 이행한 비율	· (설계변경검증실시건수/설계변경건수)×100
27	설계 평가, 심사, 검증 후 수정건수(건)	· 설계평가, 심사, 검증 후 설계내용을 수정한 건수	· ∑설계평가, 심사, 검증 후 수정건수
28	설계 변경 부품의 품질 확인 이행률(%)	· 설계변경 부품에 대한 품질확인 이행 비율	· 품질확인이행건수/설계변경건수×100
29	설계 직행률(%)	· 설계도면 작성수 대비 설계변경이 없는 도면수 비율	· 설계 변경 없는 도면매수/신규작성도면매수×100
30	도면 개정률(%)	· 설계도면 출도 후 도면 개정 비율	· 개정도면매수/최초출도매수×100
40	설계 책임 품질문제 발생 건수(건)	· 설계 부문의 오류로 인해 발생한 품질 부적합 및 고객 클레임 건수	· ∑품질문제 발생건수

11. 생산 및 공정관리

NO	성과지표(KPI)	정 의	산 출 식
1	공장부하율(%)	· 공장의 총보유 CAPA 대비 공장에 부가된 LOAD 비율	· (공장 LOAD/공장 CAPA)×100
2	생산부하율(%)	· 월간, 중, 장기 부하율	· (계획수량/생산능력)×100
3	납기달성률(%)	· 생산제품의 납기 달성률	· (실생산납기건수/계획납기건수)×100
4	재공품률(%)	· 총투입자 재대비 재공품 비율	· (재공금액/총투입자재금액)×100
5	작업공수효율(%)	· 조립표준공수기준 실조립작업공수 비율	· (조립표준공수/조립작업공수)×100
6	생산실적달성률(%)	· 생산계획 대비 생산실적 달성도	· (생산실적/생산계획)×100
7	외주인력활용률(%)	· 외주투입인력의 계획 대 실적비율	· (외주투입인력/총투입인력)×100
8	납기준수율(%)	· 총생산완료건수 중 납기준수건수	· (납기준수건수/생산완료건수)×100
9	품질부적합품률(%)	· 공정에서 발생하는 부적합발생 비율	· (부적합대수/생산대수)×100
10	전력원단위(KWH/TON)	· 단위생산량에 대한 전력 사용량	· ∑전력사용량/생산량
11	재해율(%)	· 연간 재해 발생비율	· (재해건수/평균근로자수)×100
12	5S활동 평가점(점수)	· 5S활동의 평가점	· ∑평가점
13	유류원단위(KG/TON)	· 단위생산량에 대한 에너지사용량 단위	· 유류사용량/생산량(TON)

NO	성과지표(KPI)	정 의	산 출 식
14	설비 종합 효율(%)	· 설비가 시간적으로 성능 면, 품질 면으로 얼마나 유효하게 관리되고 있는가의 효율	· 시간가동률×성능가동률×양품률
15	설비 M/H 활용률(%)	· 생산현장의 간접 인력 활용 비율	· (간접(M/H)/총투입(M/H))×100
16	공정 준수율(%)	· 계약납기 일정의 준수 여부를 평가하는 척도	· (납기 준수 ITEM수/해당 기간 대상 ITEM 수)×100
17	인당부가가치(원)	· 인력을 투입하여 가치 적산출물을 얼마만큼 만들어 내느냐를 평가하는 척도	· (부가가치/인원)
18	노동장비율(%)	· 종업원수 대비 유형고정 자산 비율	· (유형고정자산(설비자산)/종업원수)
19	설비투자효율(%)	· 설비자산이 부가가치에 기여한 비율	· (부가가치/유형고정자산(설비자산))×100
20	실동률(%)	· 근무한 공수 중에 작업을 할 수 없는 공수를 뺀 실제로 작업에 임한 공수비율	· (실동공수/취업공수)
21	실동공수효율	· 현장의 작업자가 실제로 생산에 임한 일을 공수와 생산하여 회수한 공수의 비율	· (표준공수/실동공수)
22	표준시간 감소율(%)	· 기준기간 표준시간에 대한 감소비율	· 기준기간표준시간 - 당해기간표준시간/기준기간표준시간×100
23	생산능율향상률(%)	· 작업자의 생산능률 향상비율	· 당해기간생산능률/기준기간생산능률×(1 - S/T감소율)
24	1인당 부가가치액(원)	· 1인당 부가가치 창출액	· 부가가치액/종업원수
25	1인당 생산액(원)	· 경상이익에 대한 종업원수 비율	· 생산액/종업원수
26	1인당 경상이익(원)	· 경상이익에 대한 종업원수 비율	· 경상이익액/종업원수
27	1인당 인건비(원)	· 인건비에 대한 종업원수 비율	· 인건비/종업원수
28	부가가치율	· 부가가치에 대한 생산액(매출액) 비율	· (부가가치/매출액(생산액))×100
29	손익분기점생산량	· 손익분기점이 발생하는 생산량	· 고정비/(1 - 변동비/생산액)
30	수율(%)	· 생산량에 대한 투입재료량 비율	· 완제품생산량/투입자재량
31	고장정지 손실액	· 고장정지로 인한 손실 금액고장정지 시간×시간단가	· (재생산 + 격외품 + 폐각품)/생산량
32	물량 대기율	· 물량대기로 인한 설비가동 정지율	· (물량대기/설비가동 총시간)
33	준비교체율	· CAPA 시간 대비 준비교체시간 비율	· (준비교체시간/CAPA)×100
34	L/T 단축률	· 표준 Lead Time에 대한 실적 Lead Time 비율	· {(표준 L/T - 목표(실적)L/T)/표준 L/T}×100
35	안전재고량	· 품절을 예방하기 위해 최적으로 확보해야 할 재고량	· 안전계수×표준편차
36	공정재공 감소율	· 공정 중에 있는 재공품 금액	· Σ재공감소율
37	인적효율	· 표준공수에 대한 작업공수 비율	· (표준공수/작업공수)×100
38	표준효율	· 표준공수에 대한 실동공수 비율	· (표준공수/실동공수)×100
39	인적 LOSS 금액	· 인적 LOSS에 대한 손실 금액	· (관리 LOSS + 작업 LOSS)×직접공수 시간 임율

12. 품질평가 및 검사

NO	성과지표(KPI)	정 의	산 출 식
1	품질검사원수(명)	· 사내규정에 준한 자격을 확보한 검사 원 인원수	· Σ검사원
2	검사자동화율(%)	· 전체 검사 공정 중 자동화된 검사공정 의 비율	· (Σ자동검사공정수/Σ검사공정수)× 100
3	검사원당 검사공정수(개)	· 검사원 한 사람이 담당하고 있는 공정수	· (총검사공정수/총검사원수)
4	평균 검사 소요시간(시간)	· 검사의뢰서 접수부터 검사완료 후 보 고서 작성 시까지 소요된 시간	· (총소요시간/검사의뢰건수)
5	검사오류율(%)	· 수입, 외주, 공정검사를 실시하여 합격 된 후 공정에서 부적합으로 나타나는 검사오류발생 비율	· (검사오류 건수/검사건수)×100
6	부적합품률(%)	· 검사 대 건수 중 부적합 판정된 건수	· (부적합건수/검사건수)×100
7	자재로트불합격률(%)	· 입고롯트수 대비 불합격 롯트수 비율	· (자재불합격로트수/자재입고로트수)× 100
8	무검사율(%)	· 검사품목수 대비 무검사품목수 비율	· (무검사품목수/검사대상품목수)× 100
9	검사부하율(%)	· 보유공수 대비 검사소요공수 비율	· (검사소요공수(M/H)/보유공수(M/H))× 100
10	검사능률(%)	· 검사소요 공수에 대한 실제검사 수행 공수 비율	· (실제검사공수/검사소요기준공수)× 100
11	전담검사원 비율(%)	· 전체 검사원 대비 규정에서 정한 전담 검사원 비율	· (전담검사원수/검사원수)×100
12	자주검사 실시율(%)	· 검사항목수 대비 자주검사 항목수 비율	· (자주검사 항목수/검사항목수)× 100
13	자주검사 오류율(%)	· 자주검사실시 후 품질검사원 확인 검 사 시 부적합 발생 비율	· (자주검사오류 부적합 건수/자주검 사건수)×100
14	고객입회검사 불합격률(%)	· 고객입회검사 건수 대비 불합격 판정건수	· (불합격건수/고객입회검사건수)×100 또는 (불합격항목수/고객입회검사 항 목수)×100
15	비파괴검사 불합격률(%)	· 비파괴검사실시건수 대비 불합격 건수	· (불합격건수/비파괴검사 건수)× 100
16	고객입회검사수비율(%)	· 제품별 검사공정수 대비 고객 입회검 사 점수 비율	· (고객입회검사공정수/검사공정수)× 100
17	제품폐기율(%)	· 생산투입중량 대비 폐기 중량비율	· (폐기중량/생산투입중량)×100
18	검사장비 확보율(%)	· 소요검사장비 및 게이지 대비 확보비율	· (확보량/소요량)×100
19	검사용 JIG FIXTURE 확보율(%)	· 소요검사용 JIG FIXTURE 대비 확보 비율	· (확보량/소요량)×100
20	검사장비 교정 실시율(%)	· 교정대상 검사장비 및 게이지의 유효 기간 완료 전 교정실시비율	· (유효기간 만료 전 교정실시수/교 정대상검사장비수)×100

NO	성과지표(KPI)	정 의	산 출 식
21	외주재검사율(%)	· 외주검사 건수 중 재검사 건수 비율	· (재검사 건수/외주검사 건수)× 100
22	품질문제 보고서 전산 입력률(%)	· 각종 품질문제 보고서의 전산(QPRMS) 시스템 입력비율	· (전산입력건수/품질문제 보고서 발 생건수)×100
23	부적합 보고서 평균조치기간(일)	· 부적합 보고서(NCR)의 설계, 기술 부 서 조치기간	· Σ건당소요 일수/부적합보고서 발 생건수
24	품질문제 등록 건수(건)	· 각종 품질문제 보고서의 전산등록 건수	· Σ품질문제 보고서별 등록건수
25	시정조치요구서 발행건수(건)	· 시정조치요구서(CAR)의 발행건수	· Σ시정조치 요구서 발행건수
26	시정조치 이행률(%)	· 시정조치내용이 기한 내 이행비율	· (요구기한 내 시정조치 완료건수/ 시정조치 요구서 발행건수)
27	순회점검 실시율(%)	· 순회점검계획 대비 실시 비율	· (순회점검실적/순회점검계획)× 100
28	품질점검 지적률(%)	· 순회점검 시 점검사항 대비 지적사항 발생 비율	· (지적사항 항목수/점검 항목수)× 100

13. 시험/계측기

NO	성과지표(KPI)	정 의	산 출 식
1	검교정실시율(%)	· 교정계획 총건수 중 실시비율	· (실시건수/총계획건수)×100
2	계측기고장률(%)	· 전체 장비고장 비율	· (고장건수/총장비수)×100
3	계측기사용률(%)	· 장비가동시간의 비율	· (가동시간/총작업시간)×100
4	시험(측정)운영비(원)	· 시험(측정)운영에 따른 비용	· Σ시험(측정)운영비용
5	시험(교정)기술절차서 적용건수(건)	· 시험(교정)기술절차서 적용하여 시행 하는 건수	· Σ시험(교정)기술절차서 표준화건수
6	계측기 활용률(%)	· 보유장비 중 사용하고 있는 장비의 비율	· (사용장비수/총보유장비수)×100
7	시험생산성(M/H)	· 시험건당 투입 M/H	· Σ(시험투입M/H/시험건수)
8	시험비용(원)	내외부시험소요비용	Σ시험소요비용
9	시험장비구입비(원)	시험장비구입비용	Σ시험장비구입비
10	검교정실시금액(원)	사외검교정실시비용	Σ사외검교정비용
11	계측기 수리금액(원)	계측기를 수리하기 위해 소요된 비용	Σ계측기수리비
12	계측기수리율(%)	수리대상계측기 중 수리완료 비율	(수리 완료 계측기/수리 대상 계측기) ×100
13	계측교육시간(HR)	계측기사용인원에 대한 교육시간	Σ사내·외 계측교육시간
14	인당계측교육시간(HR)	인당계측교육수강시간	Σ사내·외 계측교육시간/대상인원

실무편

14. 설비 및 유틸리티 관리

NO	성과지표(KPI)	정 의	산 출 식
1	연간 OVER-HAUL수(대)	· 전체 설비의 OVER HAUL 건수	· ΣOVER-HAUL건수
2	재수리율(%)	· 설비 수리 후 재발생된 수리 비율	· (재수리 건수/수리 총건수)×100
3	MTBF (HR/회)	· 설비의 평균 고장 시간 폭(가동시간의 합계/정지횟수)	· (가동시간/고장건수)×100
4	MTTR (HR/회)	· 고장 설비의 평균 수리시간	· (고장수리 시간/고장건수)×100
5	사고 시간 (시간)	· 난방, 온수, 냉방 용수 설비의 사고로 인한 정지시간	· Σ정지 시간
6	고장률(%)	· 가동 시간 대비 고장 시간 비율	· (고장시간/가동시간)×100
7	정비 수행률 (%)	· 계획 정비의 계획 대비 실행 비율	· (실행 건수/계획 정비건수)×100
8	설비 가동률 (%)	· 설비의 계획 및 정지 LOSS를 고려한 가동률	· ((부하시간-정지시간)/부하시간)× 100
9	단전·단수 시간(HR)	· 단전·단수 중단 시간	· Σ공급 중단 시간
10	에너지 총사용량 금액(원)	· 에너지의 사용금액	· Σ에너지 사용량 금액
11	에너지 절감 금액(원)	· 에너지 절감 금액	· Σ 절감 금액
12	전력 사용량(금액) (KW/H, 원)	· 생산에 사용된 전력 사용량(금액)	· Σ사용량. 금액
13	용수 사용량(ℓ)	· 생산에 사용된 용수 사용량	· Σ용수 사용량
14	가스 사용량(ℓ)	· 생산에 사용된 가스 사용량	· Σ가스 사용량
15	유류 사용량(ℓ)	· 생산에 사용된 유류 사용량	· Σ유류 사용량
16	설비능률(%)	· 가동시간 대비 ITEM 표준시간 비율	· (표준시간/가동시간)×100
17	설비조업도	· 설비의 이용비율	· (가동시간/설비총가동시간)×100
18	설비 LOSS 금액	· 설비 LOSS로 인한 손실 총금액	· (1-설비종합효율)×(감가상각비 + 리스료)
19	시간가동률(%)	· 실제로 가동된 시간 비율	· (가동시간/부하시간)×100
20	계획보전 실시율(%)	· 보전활동이 계획대로 실천되었는지의 여부를 나타내는 비율	· (실시건수/계획건수)×100
21	보전작업 준수율(%)	· 상세일정대로 지켜지는지 여부를 나타 내는 비율(허용한도 ±1일)	· (일정준수건수/작업계획반영건수)× 100
22	인당 보전 시간(HR)	· 보전요원 1인당 일일 평균 작업에 소 요되는 시간을 나타내는 비율	· 총보전시간/보전인원수
23	노동장비율(%)	· 유형고정자산(설비자산)에 대한 효율	· 설비자산/종업원수
24	자동화율(%)	· 설비, 라인의 요소작업 가운데 자동화 한 비율	· (자동화소작업수/전요소작업수)× 100

NO	성과지표(KPI)	정 의	산 출 식
25	설비 투자효율(%)	· 생산설비자산액 대비 생산액 비율	· (생산액/설비자산액)×100
26	예방 점검률(%)	· 예방점검 계획서 및 기준서에 의한 점검 실적비율	· (실시설비수/대상설비수)×100
27	예방 정비집행률(%)	· 계획된 주기에 따라 실시하는 예방 정비 활동에 소요된 비용의 비율	· (예방 정비 비용/총정비비용)×100
28	작업 처리율(%)	· 타 부문에서 요청한 작업처리 비율	· (작업 처리 건수/작업 요청건수)×100
29	개량보전(CM)실시율(%)	· 연간 개량 보전의 처리 비율	· (완료 건수/계획 건수)×100
30	예방보전(PM)실시율(%)	· 연간 예방 보전 활동비율	· (실시 PM 건수/계획 PM 건수)×100
31	예방보전율(%)	· 설비에 대한 예방보전시간 비율	· {(PM비＋CM비)/(PM비＋CM비＋BM비)}×100
32	자주보전율(%)	· 설비고장발생 시 오퍼레이터가 자체적으로 수리하는 비율	· (오퍼레이터 조치건수/고장 총건수)×100
33	설비종합효율(%)	· 표준 공정 시간 대비 설비 가동 가능 총시간 비율	· (표준공정 시간/설비 가동 가능 총시간)×100 또는 성능가동률×시간가동률×양품률

실무편

15. 클레임 처리

NO	성과지표(KPI)	정 의	산 출 식
1	클레임발생건수(건)	· 보증기간 내 공급 설비의 클레임 누계 발생건수	· Σ클레임발생건수
2	클레임처리비(원)	· 클레임을 처리하는 데 소요된 재료비, 노무비, 경비누계	· Σ건별처리금액
3	서비스 즉응률(%)	· 서비스 요청 시 기준 시한 내 대응 비율	· (기준시간 내 대응건수/서비스요청건수)×100
4	평균 수리 소요 시간(HR)	· 고장 요소별 수리에 소요된 평균 수리 시간	· Σ수리시간/수리건수
5	수리 납기 달성률(%)	· 기준 시간 또는 약속 시간 내 수리 완료 비율	· (기준시간, 약속시간 내 수리건수/수리건수)×100
6	수리 만족률(%)	· 수리결과에 만족하는 비율	· (수리만족건수/수리건수)×100
7	보증기간 내 서비스 건수(건)	· 보증기간 내 서비스 누계건수	· Σ보증기간 내 서비스 건수
8	보증 기간 후 서비스 건수(건)	· 보증기간 후 서비스 누계 건수	· Σ보증기간 후 서비스 건수
9	서비스 계획 달성률(%)	· 서비스 실시 계획, 목표 대비 실시 비율	· (서비스실시실적/서비스실시계획)×100
10	유저 미스 클레임 건수(건)	· 클레임 중 유저 미스로 인한 클레임 건수	· Σ유저미스클레임건수
11	제조물책임 클레임(PL) 건수(건)	· 제조 부문의 실수로 인한 클레임 건수	· Σ제조물책임(PL) 클레임 건수
12	설계 책임 클레임 건수(건)	· 설계 부문의 실수로 인한 클레임 건수	· Σ설계귀책 클레임 건수
13	건당 클레임처리비(원)	한 건당 평균 클레임 처리비용	Σ클레임처리비용/클레임건수
14	건당 클레임처리기간(HR)	한 건당 평균클레임처리기간	Σ클레임처리기간/클레임건수
15	리콜처리금액(원)	리콜로 인한 소용 총비용	Σ리콜처리비용

16. 환경관리

NO	성과지표(KPI)	정 의	산 출 식
1	기본 부과금(원)	· 배출 부과금	· 배출량×단위 금액
2	폐기물 감량률(%)	· 전년 대비 금년도 폐기물 감소 비율	· {(전년 - 금년)폐기물량/전년도폐기물량)}×100
3	작업장 조도(Lux)	· 작업장 평균 조도	· (∑조도/측정 장소수)
4	대기 오염도(%)	· 법적 기준에 대한 대기 오염도	· (배출농도/법적 기준치)×100
5	수질 오염도(%)	· 법적 기준에 대한 수질 오염도	· (배출 농도/법적 기준치)×100
6	오수 오염도(%)	· 법적 기준에 대한 오수 오염도	· (배출 농도/법적 기준치)×100
7	환경 부적합 조치율(%)	· 환경 감사 결과의 부적합에 대한 조치 비율	· (불합격 장치수/점검 대상 장치수)×100
8	국소 배기장치 점검 불합격률(%)	· 국소 배기 장치의 불합격 비율	· (불합격 장치수/점검 대상 장치수)×100
9	유해인자(개)	· 소음 외 8인자에 대한 이상 발생 인자	· ∑이상 발생 유해 인자
10	위해물 사용량(KG)	· 유해 화학 물질 사용량	· ∑사용량
11	1인당 환경 교육 시간(HR)	· 1인당 환경 관련 교육 시간	· (∑환경 교육 시간/대상자수)×100
12	대기 설비 가동률(%)	· 대기 설비의 가동률	· (설비 가동 시간/부하 총시간)×100
13	폐수 처리장 가동률(%)	· 폐수 처리장 가동률	· (폐수장 가동 시간/부하 총시간)×100
14	폐수 처리량(TON)	· 폐수 처리량	· ∑처리량
15	단위당 폐수 처리 비용(원/TON)	· 폐수 처리에 소요되는 단위당 비용(약품비, 설비비, 전력비 등)	· (처리 비용/폐수 처리량)
16	오수 처리장 가동률(%)	· 오수 처리장의 가동률	· (오수처리장 가동 시간/부하 총시간)×100
17	오수 처리 용역비(원/TON)	· 오수 처리에 사용되는 용역비용	· ∑용역비
18	단위당 폐기물 처리 비용(원/TON)	· 폐기물 처리에 소요 되는 단위당 비용	· (처리 비용/폐기물 처리량)
19	폐기물 처리량(TON)	· 폐기물 처리량	· ∑처리량
20	소각량(TON)	· 소각 처리량	· ∑소각량
21	단위당 소각 비용(원/TON)	· 소각 처리에 소요 되는 단위당 비용	· 소각비용/소각량
22	소각로 MTTF(HR)	· 소각로 평균 고장 간격 시간	· 가동시간/고장 횟수
23	환경 관리 벌금액(원)	· 환경 관리의 소홀로 부과된 벌금액	· ∑벌금액

실무편

17. 안전관리

NO	관리항목	정 의	산 출 식
1	재해율(%)	· 상시 근로자 중 재해자 발생자 비율	· (재해자수/상시 근로자수)×100
2	자율 안전관리 활동 종합 평점(점)	· 자율 안전관리 활동에 대한 항목별 평가	· Σ항목별 평가 점수
3	잠재 재해 발굴 건수(건)	· 위험이 잠재되어 있는 요소를 발굴 하여 사전 제거하는 활동	· Σ발굴 건수
4	산업재해보험급부율(%)	· 산업재해보험료 대비 보험금의율비율	· (산업재해보험급여율/산업재해보험료)
5	안전 교육 시간 (시간)	· 안전 관련 1인당 교육 시간	· Σ교육시간/교육 대상자수
6	안전 경고장 발행 건수(건)	· 안전에 위배되는 행동과 작업에 대한 조치	· Σ발행 건수
7	무재해 달성일(일)	· 안전사고 없는 생산 작업일의 누적치	· Σ무재해일
8	안전사고 건수(건)	· 안전사고 발생 총건수	· Σ사고 건수
9	위험물 인허가율(율)	· 위험물 인·허가 요청건수 대비 인·허가율	· (인·허가 건수/인·허가 요청 건 수)×100
10	근로 손실일(일)	· 안전사고로 인한 휴업 손실 일수	· Σ근로 손실일
11	재해강도율(%)	· 1000Hr 동안의 재해 손실 일수	· (근로손실일수/총근로시간)×1000
12	재해도수율(%)	· 1000000Hr 동안의 재해 발생 빈도	· (재해건수/총근로시간)×1000000
13	종합 재해 지수(건)	· 도수율과 강도율로 종합적 재해 지수를 나타냄	· (도수율＋강도율)^(1/2)
14	중대 재해 건수(건)	· 진단 3개월 이상 중대 재해 발생 건수	· Σ중대 재해 건수
15	산재 손실 금액(원)	· 산업 재해로 인한 직·간접 손실 비용	· Σ직·간접 손실 비용
16	무재해 달성률(%)	· 무재해 목표 달성도	· 무재해 실적일/무재해 달성 목표일
17	안전 관리 전문 교육 이수 자수(명)	· 외부 안전 관리 전문가 교육 이수자	· Σ교육 이수자
18	인당 보호구 구입비용(원)	· 안전을 위한 1인당 보호구 구입비용	· 보호구 구입비/착용 대상자
19	기상재해 피해 금액(원)	· 기상재해로 인한 피해 금액	· Σ피해 금액
20	재해휴업률(%)	· 재해 발생으로 인한 휴업비율	· (재해로 인한 휴업일수/노동 연시 간수)×100

18. 분임조/제안

NO	성과지표(KPI)	정 의	산 출 식
1	분임조 편성률(%)	· 분임조의 편성인원 대 전체 인원 관리	· (편성인원/대상인원)×100
2	분임조회합 횟수(회)	· 분임조의 회합 개최 여부 파악	· Σ회합 횟수
3	분임조발표대회 개최 건수(건)	· 분임조사 내 발표 대회 개최 현황	· Σ개최건수
4	분임조효과 금액(원)	· 분임조활동 결과 유형성과 파악	· Σ유형 금액
5	수준별 분임조수(수)	· 분임조의 활동 수준 파악	· Σ수준별 분임조수
6	분임조 활동률(%)	· 분임조 활동 현황	· (활동분임조수/편성분임조수)×100
7	제안 건수(건)	· 제안제출 건수 관리	· Σ제안건수
8	제안참여율(%)	· 전원참가유도	· (참가인원/대상인원)×100
9	제안채택률(%)	· 전체 제안의 채택 비율	· 채택건수/제안건수×100
10	제안효과 금액(원)	· 활동 결과 유형성과 파악	· Σ효과 금액
11	중앙심사 제안 건수(건)	· 5등급 이상 제안 중앙심사 건수	· Σ중앙심사 제안건수
12	제안실시율(%)	· 채택제안 실제 실시 건수	· (실시건수/채택건수)×100
13	제안채택 건수(건)	· 접수제안 10등급 이상 제안 건수	· Σ채택건수
14	제안시상금액(원)	· 제안 시상금 관리	· Σ시상금액
15	1인당 제안건수(건)	· 1인당 제안 제출 건수	· Σ1인당제출건수
16	제안 채택률(%)	· 제출된 제안의 채택비율(ECR 이상)	· (채택건수/제출건수)×100
17	분임조 테마 해결률(%)	· 분임조 테마 해결 비율	· (테마해결 건수/계획 테마수)×100
18	제안채택률(%)	· 제출된 제안의 채택 비율	· (채택건수/제안발의 총건수)×100
19	분임조 테마 완료 건수(건)	· 분임조 활동 테마 완료 실적	· Σ조당테마완료건수
20	제안효과금액(원)	· 제안에 의한 유형효과 발생금액	· Σ제안건별유형효과
21	제안 달성률(%)	· 연간 제안 실적 달성률	· (제안실적건수/제안계획건수)×100
22	분임조테마 달성률(%)	· 연간 분임조 활동 시 테마 완료비율	· (테마계획완료건수/테마계획건수)×100

19. 표준화

NO	성과지표(KPI)	정 의	산 출 식
1	표준보유건수(건)	· 관리 및 기술표준의 보유건수	· Σ표준보유건수
2	표준제정건수(건)	· 관리 및 기술 표준 의 신규 제정 건수	· Σ표준제정건수
3	표준개정건수(건)	· 관리 및 기술 표준의 개정건수	· Σ표준개정건수
4	표준폐지건수(건)	· 관리 및 폐지건수	· Σ폐지건수
5	표준확보율(%)	· 관리 및 기술표준 의 필요수 대비 보유 비율	· (보유수/표준필요수)×100
6	표준재정비율(%)	· 표준의 개정, 통합, 폐지 등 재정비 비율	· (재정비수/기술표준보유수)×100
8	표준화건수(건)	· 미등록 기술 표준 을 표준화하여 등록한 건수	· Σ표준화건수
9	표준서초회승인율(%)	· 지시서, 절차서를 1회 제출로 고객 승인을 완료한 비율	· (초회승인완료문서수/고객승인대상문서수)×100
10	작성오류율(%)	· 각종 사양서, 지시서, 절차서, 도면의 작성 오류로 인한 개정 비율	· (개정문서수/신규작성문서수)×100
11	표준준수율(%)	표준이행상태점검결과 표준대로 업무수행 비율	(표준준수건수/감사표준건수)×100
12	표준일치율(%)	표준서와 업무의 일치율	(표준일치건수/감사표준건수)×100

20. 품질감사

NO	성과지표(KPI)	정 의	산 출 식
1	인증기관감사, 심사지적사항 발생건수(건)	· 품질보증 프로그램 인증기관, 대외기관으로부터 심사, 감사 수검 시 지적받은 건수	· Σ감사, 심사 지적사항 발생건수
2	사내진단, 유효성 평가결과 반영건수(건)	· 사내진단 및 유효성 평가 결과의 품질보증 프로그램 반영 건수	· Σ진단, 평가결과 반영건수
3	사내감사, 점검실시 건수(건)	· 품질보증 활동 전반에 대한 사내감사 및 점검실시 건수	· Σ사내감사, 점검실시 건수
4	사외감사점검실시건수(건)	· 협력업체의 품질 보증 활동 전반에 대한 감사 및 점검 실시건수	· Σ사외감사점검실시건수
5	사내감사점검지적건수(건)	· 사내감사, 점검 시 지적 사항 발생건수	· Σ사내감사점검지적건수
6	사외감사점검지적건수(건)	· 사외감사, 점검 시 지적 사항 발생건수	· Σ사외감사점검지적건수
7	사외감사실시율(%)	· 해당 연도 사외감사 계획 대비 실시 비율	· (감사실시업체수/감사실시계획업체수)×100
8	외부감사수감 횟수(회)	· 고객 검사 기관, 대외 기관의 품질감사 수감 건수(인증기관 심사 제외)	· Σ외부감사수감건수
9	외부감사지적사항 발생건수(건)	· 외부감사 수감 시 지적사항 발생건수	· Σ외부감사지적사항 발생건수
10	외부감사지적사항 발생률(%)	· 외부감사수감 시 점검항목 대비 지적 사항발생항목수 비율	· (지적사항발생항목수/점검항목수)×100
11	외부감사평균지적률(%)	· 외부감사 건당 지적사항발생 비율	· (Σ지적사항발생건수/외부감사수감횟수)×100
12	품질감사 요원수(명)	· 선임감사자 및 감사원수	· Σ품질감사요원수
13	선임 감사자보유율(%)	· 품질감사요원수 중 선임감사자 비율	· (선임감사자수/품질감사요원수)×100

21. 인증관리

NO	성과지표(KPI)	정 의	산 출 식
1	품질/환경 인증 정보 수집 건수(건)	· 품질/환경 인증 및 인증기관 심사기관 및 인증의 취득에 관한 정보 수집 건수	· ∑품질/환경 인증 정보 수집 건수
2	인증서 보유 건수(건)	· 각종 품질 인증서 종류별 보유 건수	· ∑종류별 인증서 보유 건수
3	심사 수검 횟수(회)	· 당해 연도 품질인증 신규 취득 및 갱신 심사 수검 횟수	· ∑품질 인증 심사 수검 횟수
4	수검 준비팀 운영 일수(일)	· 품질인증 수검 준비를 위한 준비팀(TFT) 평균 운영기간	· ∑건당 소요 일수
5	인증 취득 소요 일수(일)	· 품질 인증 취득 계획 보고일로부터 인증합격 결정 시까지의 평균 소요 일수	· ∑건당 소요 일수
6	인증 심사 지적 건수(건)	· 품질 인증 취득, 갱신 심사 시 심사 기관 지적 건수	· ∑인증 심사 지적 건수
7	인증 심사 지적률(%)	· 품질 인증 취득, 갱신 심사 시 심사 기관 심사 항목수 대비 지적 사항 발생 비율	· (지적 항목수/심사 항목수)×100
8	인증 철인 보유 부서수(부서)	· 품질 인증 각인용 철인(Stamp) 보유 부서수	· ∑인증 철인 보유 부서수
9	인증 심사 합격률(%)	· 품질 인증 취득, 갱신 수검 건수 대비 첫 회 합격 비율	· (합격 건수/품질 인증 수검 건수)×100
10	품질인증비(원)	· 품질 인증 취득 및 유지 관리 비용 발생 금액	· ∑품질 인증비 집행액

제6장

성과관리 Solution

1. PMS Scorecard 개요

오늘날 전사적인 차원에서 조직의 전략을 토대로 객관화된 성과
관리 및 평가에 따른 보상시스템에 대한 기업의 요구가 증대되고
있는 데 반해, 시스템적으로 전략체계의 인과관계에 대한 타당성을
지속적으로 검증해 주지 못하고 있을 뿐 아니라, 전략공유, 목표설
정, 경영성과의 모니터링, 조직성과 및 개인의 성과를 통합적으로
관리/운영할 수 있는 방법을 갖추지 못하고 있다.

KH PMS(Performance Management System)는 성과관리 및 평가
에 따른 보상시스템의 체계적인 구축방법과 컨설팅방안을 제시하
는 웹 기반의 전문 솔루션이다.

KH PMS를 통하여 모든 의사결정권자들과 구성원들과의 긴밀한
의사결정 내용을 커뮤니케이션할 수 있고, 모든 조직 구성원들이
회사의 전략방향을 서로 공유하여 이해할 수 있도록 지원하며, 성
과현황을 지속적으로 모니터링 할 수 있는 환경을 제공한다.

조직 및 개인의 성과평가체계를 구성할 수 있도록 업적, 역량지
표를 관리할 수 있고, 다면평가, MBO(목표관리) 등 다양한 형태의
프로세스를 지원한다.

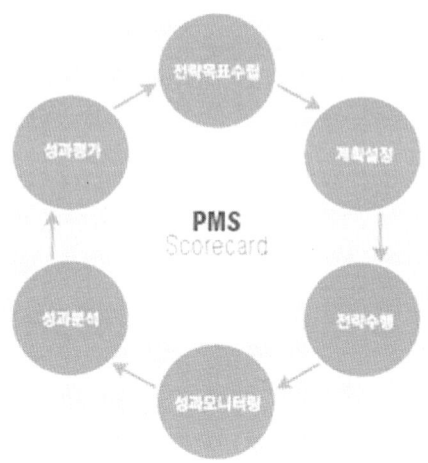

　KH PMS 솔루션은 전략목표의 성과를 모니터링하고 시장 변화
에 따른 전략방향의 수정 및 목표 설정을 가능하도록 정교한 분석
기능을 제공한다.

2. 솔루션구성

2.1. 전략모니터링

　기업의 성과를 최대한 향상하기 위해서는 회사의 미션과 비전을
제시하고 구체적인 실행전략을 구성원들과 상호 공유, 모니터링해
서 그에 따른 인과관계를 고려해 수정 및 개선을 이끌어 낼 수 있
도록 시스템이 지원해야 한다.

실무편

KH PMS는 전략체계를 통해 조직 및 개인의 목표를 한눈에 확인할 수 있고, 기업의 전략목표와 일치시킬 수 있기 때문에 조직 전반에 걸쳐 전략을 집중화시킬 수 있다. 전략 인과관계 맵의 선후행 관계를 통해 임원들은 시장 변화에 따른 대응력을 높일 수 있다. 또한 Drill-Down 분석도 용이하기 때문에 전사적으로 전략목표에 집중할 수 있고, 전략 KPI의 효과적인 분석 기능도 제공한다.

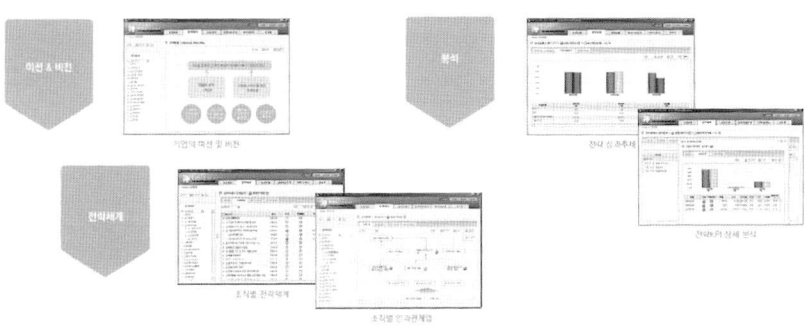

2.2. 성과모니터링

KH PMS는 전사적 성과관리 체계를 단일 시스템으로 비전, 전략체계, 조직 및 개인의 성과목표와 역량 부분을 효율적으로 운영, 유지할 수 있도록 지원한다. 또한 고객의 요구에 따라 필요한 부분만을 활용하여 성과를 관리할 수 있는 통합 성과관리 솔루션이다.

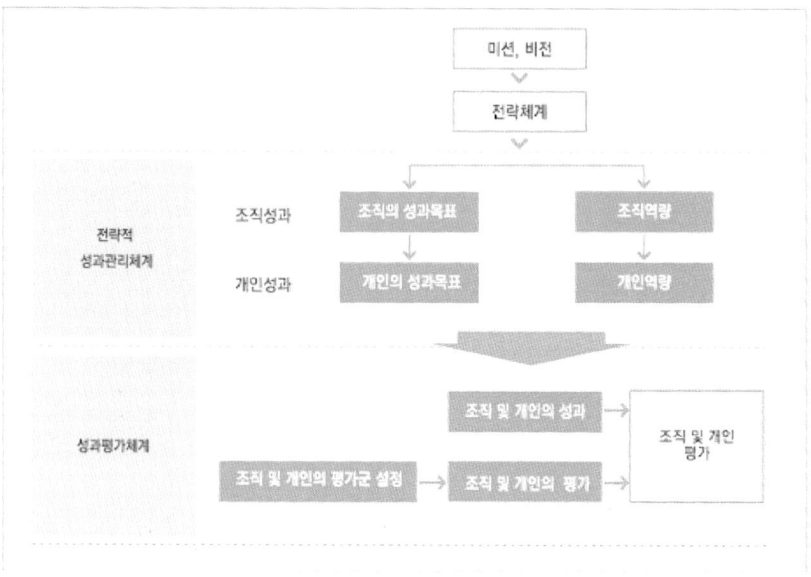

2.3. 성과지표 분석

성과관리 시스템을 통한 단순한 결과 중심의 리포트 시스템이 아닌 데이터 분석 기능을 갖춘 시스템이 요구되고 있다.

KH PMS는 전략관점의 인과관계 설정 및 KPI의 인과관계에 대한 심도 있는 분석 기능을 제공한다. 이를 통해 전략의 수정 및 인과관계의 재설정과 같은 전문 컨설팅을 요하는 일을 자체적으로 지속적인 성과관리를 할 수 있다.

상관계수를 통한 두 지표의 비교 분석 화면

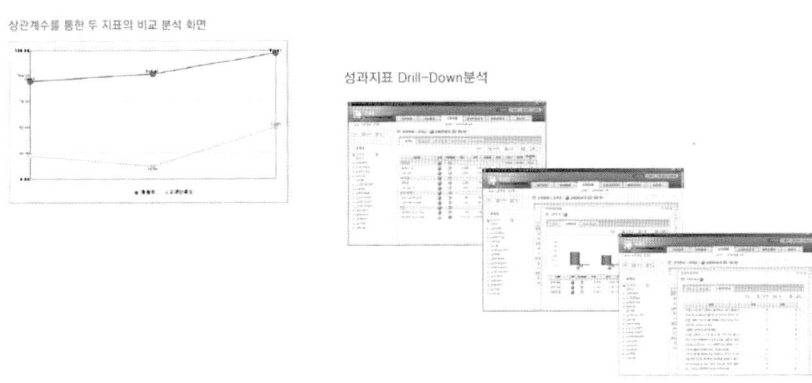

성과지표 Drill-Down분석

2.4. 데이터 집계

KH PMS는 수작업 프로세스 및 자동 인터페이스를 지원하여 모든
형태의 비즈니스 환경에서 성과관리를 수행할 수 있도록 지원한다.

데이터 집계 프로세스

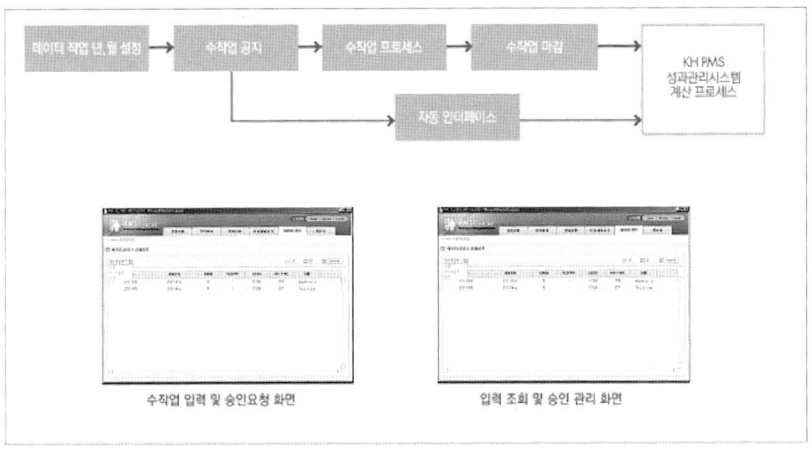

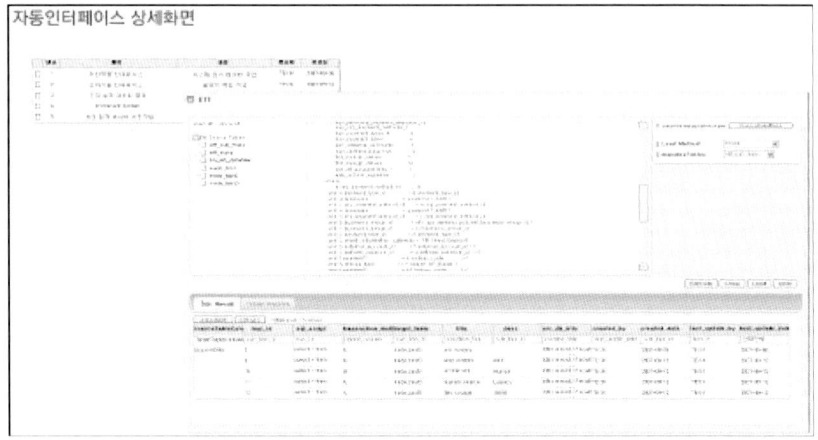

자동인터페이스 상세화면

2.5. 관리자의 계산 기능

성과관리의 핵심인 성과지표의 성적을 자동 계산할 수 있는 엔
진을 탑재하고 있다. 이를 통해서 패키지 자체에서 최종 성적까지
도출해 결과를 제공함으로써 평가 및 보상까지 지원한다.

KH PMS는 지표의 특성(상향, 하향, 수렴)에 따른 정확한 산식
을 적용할 수 있도록 다양한 달성률 산식을 적용할 수 있다.

관리자 모드를 통해 저비용 고효율의 시스템을 유지할 수 있도
록 모든 성과관리 모형을 설정할 수 있고 별도의 IT인력의 지원
없이도 현업 사용자가 직접 시스템을 유지 보수할 수 있도록 손쉬
운 사용자 환경 및 교육 서비스를 제공한다.

실무편

지표특성

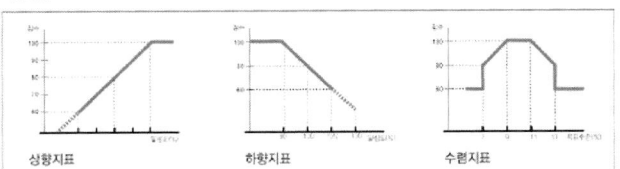

| 상향지표 | 하향지표 | 수렴지표 | (,) , + , - , * , / , % , ^
> , < , >= , <= , =
Sum(값1,값2,...,)
Avg(값1,값2,...,)
Min(값1,값2,...,)
Max(값1,값2,...,)
If(조건식,값1,값2)
Abs(값) ...
제공하는 산식 |

관리자 가중치 설정화면

2.6. 기타 기능

별도의 디자인 구성이 필요 없을 정도의 퀄리티 높은 화면 구성을 제공한다. 또한 필요 시 손쉽게 변경할 수 있도록 오픈아키텍처 시스템으로 구성되어 있으며 일반 사용자가 원하는 성과 현황을 설정하여 화면을 구성할 수 있으며 커뮤니케이션을 활성화할 수 있도록 이니셔티브의 공지 기능을 제공한다.

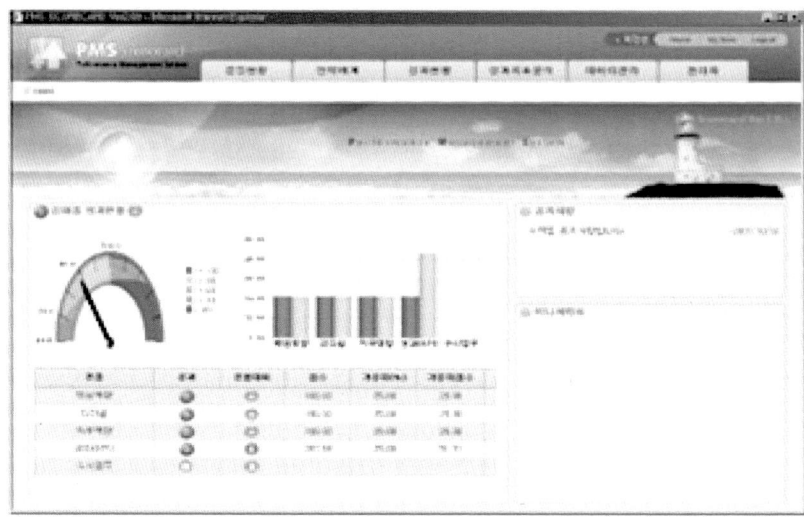

3. 솔루션 사용법

3.1. 관리자

관리자는 웹브라우저를 사용하여 아래와 같은 일을 할 수 있다.

- 공동의 미션을 행동 가능한 목표들로 전환할 수 있는 전략맵을 만들 수 있다.
- 성과 관리 및 평가를 위한 조직 및 개인을 생성할 수 있다.
- 목표를 향한 성과를 알려 주는 성과지표(KPI)를 생성할 수 있다.
- 조직 및 개인의 성과체계를 구성하기 위한 조직별, 개인별 KPI의 가중치를 정의할 수 있다.
- 목표, 실적 입력프로세스에 대한 관리를 할 수 있다.
- 데이터의 자동 집계 및 계산 기능을 수행할 수 있다.
- 사용자 생성 및 권한을 부여할 수 있다.

3.2. 사용자

사용자는 아래와 같은 일을 할 수 있다.

- 조직별 전략체계를 조회할 수 있다.
- 조직 및 개인의 성과조회를 할 수 있다.
- 성과지표(정의서, 추세, 상세항목) 분석을 할 수 있다.

- 성과 이니셔티브를 통한 전략활동을 구성원들과 공유 및 협력할 수 있다.
- 목표 및 실적을 입력할 수 있다.
- 승인 프로세스에 의한 수작업 관리를 할 수 있다.
- 데이터 방향이나 상관관계의 측정과 같은 세부적인 데이터에 대한 분석이 가능하다.

3.3. Web 인터페이스의 기초적 구성

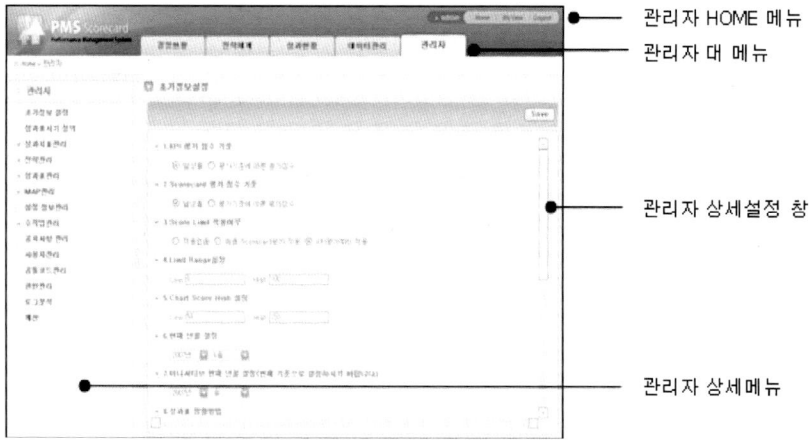

관리자 HOME 메뉴

관리자 대 메뉴

관리자 상세설정 창

관리자 상세메뉴

실무편

● 성과관리 사용자 화면구성

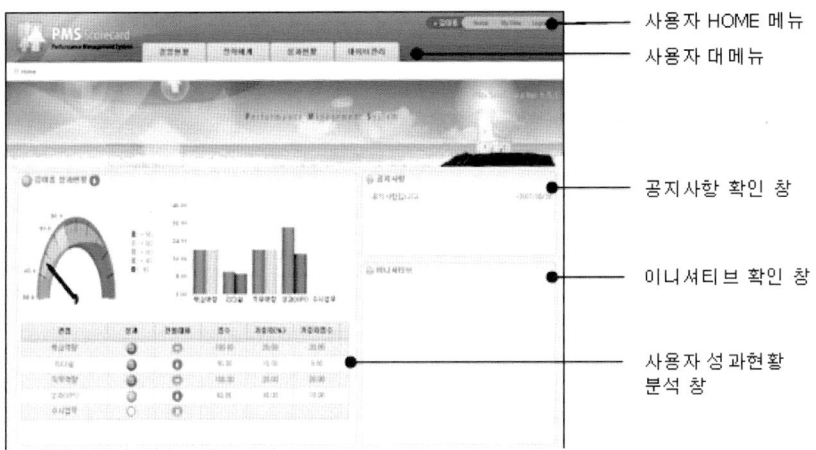

사용자 HOME 메뉴

사용자 대 메뉴

공지사항 확인 창

이니셔티브 확인 창

사용자 성과현황
분석 창

● 사용자 상세 화면구성

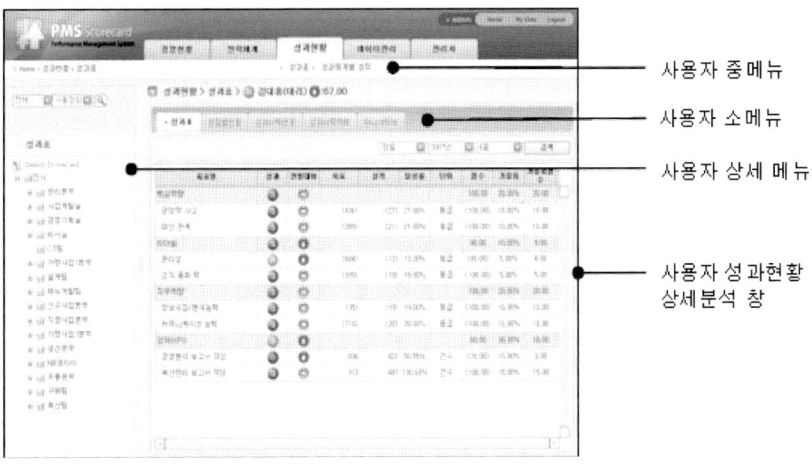

사용자 중메뉴

사용자 소메뉴

사용자 상세 메뉴

사용자 성과현황
상세분석 창

● 조직별 지표구성

조직별 담당전략 현황을 분석할 수 있도록 추진전략, 체계, 전략별 성과, 가중치 등으로 구성되어 있다.

추진 전략	체계	성과	전월대비	점수	가중치 (조직100%환산)
기업성장에 맞는 내부시스템 지원	전략과제	S	↑	100.00	30.56%
내부역량강화	전략과제	D	↑	32.50	22.22%
사업성과측정 및 방향성 설정	전략과제	A	↑	83.53	47.22%

조직별 담당 전략 추세를 분석할 수 있도록 구성되어 있다.

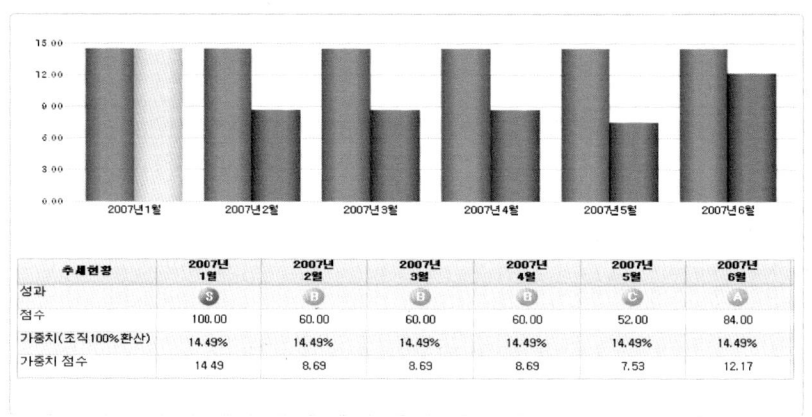

추세현황	2007년 1월	2007년 2월	2007년 3월	2007년 4월	2007년 5월	2007년 6월
성과	S	B	B	B	C	A
점수	100.00	60.00	60.00	60.00	52.00	84.00
가중치(조직100%환산)	14.49%	14.49%	14.49%	14.49%	14.49%	14.49%
가중치 점수	14.49	8.69	8.69	8.69	7.53	12.17

각 전략에 해당하는 전략KPI 현황의 전월 대비 성과를 분석할 수 있도록 구성되어 있다.

지표명	성과	전월대비	목표	실적	달성률	단위	점수	가중치	가중치점수
성과(KPI)	S	↑					100.00	100.00%	100.00
업무프로세스 개선건수	S	⊖	63	92	147.11%	건수	(100.00)	45.45%	45.45
예산 계획 대비 집행 실적	S	↑	548	890	162.40%	건수	(100.00)	54.55%	54.55

개인별 담당전략`현황을 분석할 수 있도록 추진전략, 체계, 전략별 성과, 가중치 등으로 구성되어 있다.

지표명	성과	전월대비	목표	실적	달성률	단위	점수	가중치	가중치점수
핵심역량	S	⊖					100.00	20.00%	20.00
긍정적 사고	S	⊖	(436)	(27)	27.00%	등급	(100.00)	10.00%	10.00
대인 관계	S	⊖	(289)	(21)	21.00%	등급	(100.00)	10.00%	10.00
리더쉽	S	⬇					90.00	10.00%	9.00
윤리성	A	⬆	(604)	(13)	13.00%	등급	(80.00)	5.00%	4.00
조직 융화 력	S	⊖	(339)	(19)	19.00%	등급	(100.00)	5.00%	5.00
직무역량	S	⊖					100.00	20.00%	20.00
정보수집/분석능력	S	⊖	(35)	(19)	19.00%	등급	(100.00)	10.00%	10.00
커뮤니케이션 능력	S	⊖	(710)	(20)	20.00%	등급	(100.00)	10.00%	10.00
성과(KPI)	B	⬆					60.00	30.00%	18.00
경영분석 보고서 작성	D	⬆	836	422	50.55%	건수	(20.00)	15.00%	3.00
예산관리 보고서 작성	S	⊖	373	487	130.63%	건수	(100.00)	15.00%	15.00

개인의 관점별 현황을 분석할 수 있도록 차트와 표로 구성되어
있다.

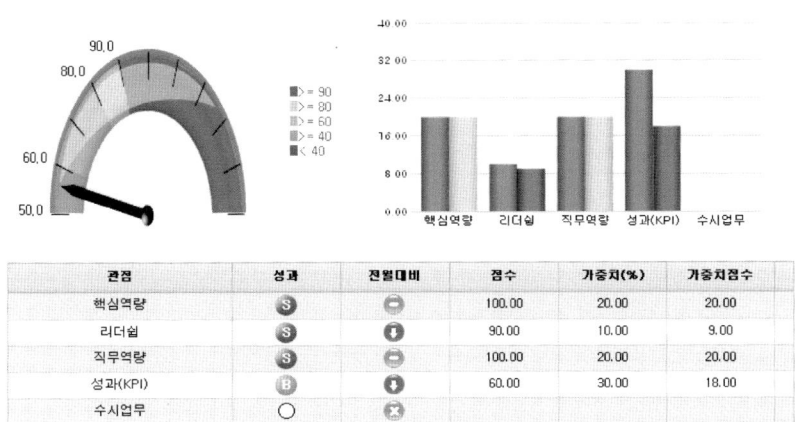

관점	성과	전월대비	점수	가중치(%)	가중치점수
핵심역량	S	⊖	100.00	20.00	20.00
리더쉽	S	⬆	90.00	10.00	9.00
직무역량	S	⊖	100.00	20.00	20.00
성과(KPI)	B	⬆	60.00	30.00	18.00
수시업무	○	✕			

개인의 월별 성과이력 현황을 분석할 수 있도록 구성되어 있다.

항목	2007년 1월	2007년 2월	2007년 3월	2007년 4월	2007년 5월	2007년 6월
성과등급	B	S	S	S	A	B
성과점수	75.00	92.50	97.50	95.00	80.00	67.00
핵심역량	S	○	S	S	S	S
리더십	S	○	S	S	S	S
직무역량	S	○	S	S	S	S
성과(KPI)	S	○	S	S	S	B
수시업무	○	○	○	○	○	○

성과 이니셔티브를 통하여 전략활동을 구성원들과 공유 및 협력할 수 있도록 진척률, 상세 내용 등으로 구성되어 있다.

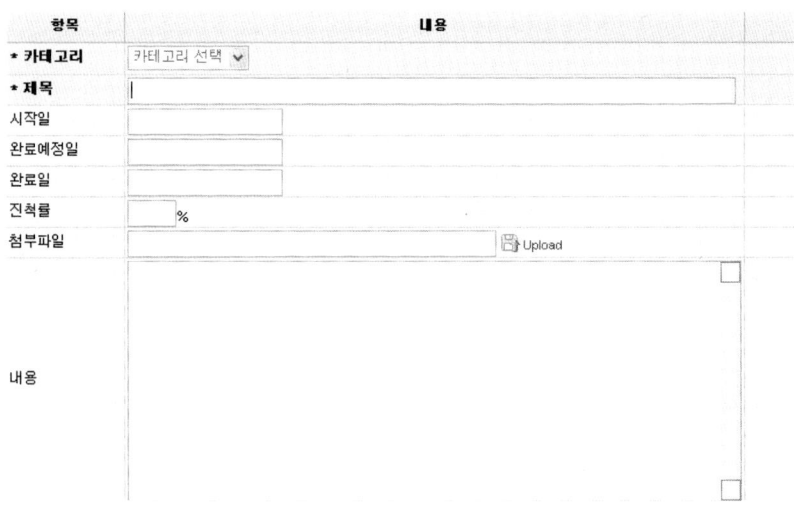

항목	내용	
＊카테고리	카테고리 선택 ▾	
＊제목		
시작일		
완료예정일		
완료일		
진척률	%	
첨부파일		Upload
내용		

조직 및 개인의 성과지표의 체계적 분석을 할 수 있도록 구성되어 있다.

지표명	목표	실적	파일보기	파일삭제	파일업로드
리더쉽					
조직 융화 력					Upload
관련부서와 신속한 상호 공조 체계를 형성할 수					Upload
동료들에게 인정받고 존경받는다					Upload
사내 관계망을 통해 최신의 업무 관련 정보를 많					Upload
사내 정보의 흐름이나 의사결정의 라인에 대해					Upload
유관 부서로부터 업무 협조를 쉽게 얻어낸다					Upload
조직내 여러 부서 혹은 여러 계층의 사람들과 폭					Upload
조직내 확실한 지원망을 형성하고 있다					Upload
타부서의 업무 내용과 프로세스에 대해서 많은					Upload
팀내 혹은 팀간에 발생하는 갈등 상황을 원만히					Upload
평소 조직내 대인관계가 두루 원만하다					Upload
추진력					Upload

수작업으로 데이터를 관리할 수 있도록 구성되어 있다.

No.	등급	성과표명	점수	평균점수	차이	
1	S	관리팀	100.00	71.22	28.78	⬆
2	S	디자인팀	100.00	71.22	28.78	⬆
3	S	경영지원팀	95.00	71.22	23.78	⬆
4	S	전산팀	93.68	71.22	22.45	⬆
5	S	재무팀	92.38	71.22	21.16	⬆
6	A	가맹1팀	84.44	71.22	13.22	⬆
7	A	점포개발팀	84.00	71.22	12.78	⬆
8	A	교육팀	83.53	71.22	12.31	⬆
9	B	경영기획팀	77.22	71.22	6.00	⬆
10	B	신규사업본부	76.22	71.22	4.99	⬆
11	B	유통본부	74.62	71.22	3.39	⬆
12	B	영남사업팀	68.00	71.22	-3.22	⬇
13	B	홍보팀	67.83	71.22	-3.40	⬇
14	B	설계팀	66.67	71.22	-4.56	⬇
15	B	메뉴개발팀	64.73	71.22	-6.50	⬇

전월 대비 성과현황을 분석할 수 있다.

구성요소	설명
(↑)	전월 대비 달성률/점수가 개선되었습니다.
(↓)	전월 대비 달성률/점수가 악화되었습니다.
(−)	전월 대비 달성률/점수가 변화가 없습니다.
(✕)	전월 대비 달성률/점수를 비교분석 할 수 없습니다.

성과현황을 표시기 정의로 분석 가능하며 성과점수 분석을 위한 성과표시기는 사용자에 의해 정의될 수 있다.

구성요소	설명
S	달성률/점수 100점을 나타낸다.
A	달성률/점수 80점을 나타낸다.
B	달성률/점수 60점을 나타낸다.
C	달성률/점수 40점을 나타낸다.
D	달성률/점수 20점 이하를 나타낸다.

4. 클라이언트 & 서버 시스템의 설치 요구 조건

4.1. Server

OS: Windows NT, 2000 Server, 2003 Server, Uni×, Linu× 지원

JAVA: JDK 1.3.1 이상

WAS: Tomcat 1.4 이상

RDBMS: Oracle 8i 이상, MS - SQL 2000 이상, DB2

Memory: 최소 512MB 이상, 1GB 이상 권장

4.2. Client

OS: Windows 2000×, Windows ×P, Windows 2003, Windows Vista

Web Browser: Microsoft E×plorer 6.× 이상 권장

CPU: Pentium 3 - 500㎒ 이상 권장

RAM: 256MB 이상 권장

최봉학

▮ 약 력

　한성대 디지털중소기업대학원
　기술지도사(정보처리)
　경영컨설턴트
　Ansoff 전략 컨설턴트
　QMS 국제심사원
　기업가치평가사
　한국BSC연구회 회장
　한국컨설팅협회 경영지원단 전문위원
　한국컨설팅협회 BSC 전문강사
　한국강사협회 명강사 회원
　다수의 공사기업 BSC 구축 PM

▮ 주요 저서

　평가에서 보상까지 한권으로 끝내주는 BSC(2006년) / 한국학술정보(주)
　면접에서 육성까지 한권으로 끝내주는 기질면접(2008년) / 한국학술정보(주)
　사례로 배우는 중소기업의 전략적 성과관리(BSC) 이론편(2009년) / 한국학술정보(주)
　사례로 배우는 중소기업의 전략적 성과관리(BSC) 실무편(2009년) / 한국학술정보(주)
　창업풍수(2009년) / 한국학술정보(주)

중소기업의
전략적 성과관리(BSC) 실무편

초판발행 2009년 3월 17일
초판 4쇄 2019년 1월 11일

지은이 최봉학
펴낸이 채종준

펴낸곳 한국학술정보(주)
주소 경기도 파주시 회동길 230 (문발동)
전화 031 908 3181(대표)
팩스 031 908 3189
홈페이지 http://ebook.kstudy.com
E-mail 출판사업부 publish@kstudy.com
등록 제일산-115호(2000. 6. 19)

ISBN 978-89-534-1372-6 14320 (Paper Book)
　　　978-89-534-1373-3 18320 (e-Book)
　　　978-89-534-1368-9 14320 (Paper Book Set)　　22,000원
　　　978-89-534-1369-6 18320 (e-Book Set)